Dyherrnfurth

Festenberg

Groß Wartenberg

Guhrau

Löwen

Militsch

Oels

Ohlau

Striegau

Stroppen

Wohlau

Wünschelburg

Zobten

Günter Elze

MITTELSCHLESIEN

Vom Neiderland zur Grafschaft

Günter Elze

MITTELSCHLESIEN

Vom Neiderland zur Grafschaft

Mit 96 Großfarbfotos
und 60 Zeichnungen

FLECHSIG

Umwelthinweis:
Dieses Buch und der Umschlag wurden auf chlorfrei
gebleichtem Papier gedruckt.
Die Einschrumpffolie – zum Schutz vor Verschmutzung –
ist aus umweltverträglichem und recyclingfähigem PE-Material.

Titelbild: Schlesisches Gebirgshaus in Schönau bei Mittelwalde, Kr. Habelschwerdt
(Foto: W. Lambert)

Sonderausgabe für Flechsig-Buchvertrieb
Genehmigte Lizenzausgabe für Verlagshaus Würzburg GmbH & Co. KG, Würzburg
© Stürtz Verlag GmbH, Würzburg
Originalausgabe: Kraft Verlag, Würzburg
Gesamtherstellung: Egedsa, Sabadell
Printed in Spain
ISBN 3-88189-386-5

MITTE DES LANDES

Wer von Mittelschlesien spricht, mag zuerst an den Regierungsbezirk Breslau denken. Doch Mittelschlesien ist mehr als nur ein Verwaltungsbezirk. Es ist die Mitte, von Anbeginn Ur- und Keimzelle des ganzen Landes. Aus drei Wurzeln ist es gewachsen: Aus dem fruchtbaren Bauernland zwischen dem Fluß und den Bergen zog es sein Leben; zum Mythos wurde ihm der Berg, der Zobten; Breslau, die Metropole, formte es, wies ihm Ziel und Richtung.

Wogende Ährenfelder und endlos grüne Zuckerrübenplantagen im Sommer, im Herbst und Frühjahr schwarzglänzende, regenschwere Schollen, so kennen wir die Ebene um den Zobten, fruchtbringend wie sonst nirgends in Schlesien. Der Löß hatte den Wald ferngehalten, aber den Menschen lockte er an. Aus der Ungarischen Tiefebene kamen die ersten. Sie nahmen das offene Land unter die Hacke; ein Volk noch ohne Namen. Als »Bandkeramiker« kennen es die Prähistoriker. Der »Widder von Jordansmühl« ist das prachtvolle Wahrzeichen seiner Kunstfertigkeit. Er machte die »Jordansmühler Kultur« zum Begriff in der Vorgeschichte.

Illyrer kamen und Skythen, nach ihnen die Kelten und schließlich Germanen. Vom ersten vorchristlichen Jahrhundert an saßen die Silinger, Hauptstamm der Wandalen, in der lebenspendenden Ebene. Tacitus erzählt von ihrem heiligen Ort, von einem schon sehr alten Kult auf einem hohen Berge. Kein anderer als der Zobten kann gemeint sein.

Die Silinger spülte der Völkerwanderungsstrom fort nach Frankreich, nach Spanien, und setzte sie endlich in Nordafrika ab. Wenige blieben zurück, vermischten sich mit den nachrückenden Slawen und gaben ihnen ihren Namen weiter: »Slenzane« der Gau, »Slenzi« die Bewohner, so nennt sie die Völkertafel des »Baierischen Geographen« im 9. Jahrhundert. »Slenzi«, »Slenzane«, das ist Buchstabe für Buchstabe die slawische Form für »Silinger«, und sie lebt weiter in der deutschen Bezeichnung des Landes: Schlesien. Germanische

F. G. Endler: Rogau, Kr. Breslau, mit Zobtenberg

Bewohner der Ebene gaben dem Land seinen Namen.

Der Götterberg, der Zobten: kein einzelner Gipfel, ein ganzes Waldgebirge, unvermittelt aufsteigend und weitum sichtbar das flache Land beherrschend, das zu ihm aufsehen mußte. Schon in frühesten Zeiten sah der Mensch in ihm Schutz und Drohung zugleich. Einen wahren Omphalos, Nabel der Welt, nennt ihn Will Erich Peuckert, Göttersitz und tiefstes Mysterium des Landes.

Noch im Grauen des Festungskampfes 1945 – so erzählt es Hugo Hartung – schaute man in Breslau voll Hoffnung auf den fernen Berg, von dem Hilfe und Entsatz kommen sollte. Und als irdische Hilfe ausblieb, lief flüsternd die alte Prophezeiung um, der Zobten, der Nabel des Landes, würde sich auftun und die »Ungerechten« verschlingen – womit sicher nicht nur die Russen gemeint waren.

Uraltes Mysterium ungeschlachter Steinbilder im Wald: der »Bär«, die »Jungfrau mit dem Fisch«, der »Mönch« – ratlose Namen für Kultbilder der Vorzeit, von keiner Wissenschaft zu deuten. Keltisch? Oder frühchristlich wie die Portallöwen im Städtchen Zobten und in Gorkau? Der Berg behält sein Geheimnis.

Kanth, Kr. Breslau

»Mons silencii« – Berg der Silinger, so hieß er noch im 12. Jahrhundert. Das germanische Heiligtum auf seinem Gipfel blieb unvergessen. Es war kein Zufall, daß sich eines der beiden ältesten Klöster Schlesiens in seinen Wäldern ansiedelte. Erst später zwang der kleine Marktort zu seinen Füßen – Sobóta, der Sonnabendmarkt – seinen Namen dem Berge auf. Er wird zum »Zobten«. Aber seltsam, heute ist er wieder zum »Ślęza« (»Schlensa« gesprochen) geworden! Selbst im Namenswechsel spiegeln sich die Gegenpole.

Unheilige Episode blieb das mittelalterliche Raubritternest auf seinem Gipfel, schon bald wieder von einer Wallfahrtskapelle abgelöst. Später entdeckte die Romantik den Berg. Burschenschafter und die Bewegung des »Vormärz« trafen sich zu großen Zobtenkommersen, zu Protest und zum Gedenken an das Wartburgfest 1817. Das Geheimnis des Berges blieb gegenwärtig, wenn auch Karl von Holtei spitzbübisch einen Wetterpropheten aus ihm machte:

»Du meld'st uns iglich Guttes, iglich Uebel,
Du meld'st uns Rägen, Sunneschein und Sturm.
Wie ufte ha ihch nich aus meinem Stübel
Nach dir gelinzt und deiner Uhnefurm:
Denn warsche blau, do kunnt ma Rägen spieren
Und warsche grau, do gingen ber spazieren.«

Paul Keller gar setzte ihn im »Bergkrach« als Störenfried auf die »Uxabanke«, auf die Sünderbank außerhalb der sittsam aufgereihten Sudetengipfel. Bei allem Spott: Der Schlesier weiß um den Mythos des Berges, der immer auch der Mythos des Landes geblieben ist.

Nach der Ebene und dem Berg nun das Dritte: Breslau, die betriebsame, lebendige Stadt; Hauptstadt und Mittelpunkt des Landes, wie es kaum eine andere deutsche Stadt so von Anfang bis Ende gewesen ist. Aber die Führerrolle war ihr nicht in die Wiege gelegt. Längst gab es das Bauernland der Ebene, lange schon querte die »Bernsteinstraße« die Oderniederung, da gab es dort nur armselige Fischerdörfer. Nicht von ungefähr fanden sich der wandalische Goldschatz von Sakrau und das immense frühgeschichtliche Bernsteinlager von Krietern am nördlichen und am südlichen Hochufer des kilometerbreiten Stromtales. Noch wurde die Flußniederung gemieden. Wer hindurch mußte, versuchte schnell wieder aufs feste Land zu kommen.

Im 10. Jahrhundert stellte Böhmen seine Grenzfeste »Wratislavia« mitten ins Unwegsame. Polen machte sie zur Kastellaneiburg, gar zum Bischofsitz. Doch der Ort blieb eine eng gedrängte Ansammlung von Hütten höriger Bediensteter, selbst am Ende des 11. Jahrhunderts ein Marktort nicht anders als Domslau oder Kostenbluth.

Erst aus der Katastrophe des Mongolenzuges wuchs das Neue. Und wie es von Beginn an dasteht! Noch heute zeigt es der Stadtplan. Da ist die alte Stadt mit engen, krummen Gäßchen auf dem »Dom«, dem »Sand« und um den Ritterplatz. Daneben aber die neue Stadt von 1241: planvoll angelegt mit dem Großen Ring in der Mitte, mit Neumarkt und Salzring und einem rechtwinkligen, wie mit dem Lineal gezogenen Straßennetz. D r e i Marktplätze, zusammen fast sechs Hektar groß! Fürwahr eine Stadtgründung in der unerschütterlichen Gewißheit, hier das Zentrum des neuen, des deutschen Schlesien zu schaffen.

Aus eigener Kraft ergreift die Stadt die politische Führerrolle, welche Schlesiens Herzöge – verstrickt in kleinlichen Territorialstreit – nicht wahrnehmen. Schon drei Generationen nach der Stadtgründung ist es die deutsche Bürgerschaft, die ihren Herzog mit sanftem Druck dazu bringt, sein Land dem böhmischen König als Lehen anzutragen. Das Beispiel wirkt nach. Ganz Schlesien wendet sich von Polen ab, zu Böhmen und seinem deutschen Herrscherhaus, den Luxemburgern, hin. Wohl ergeht es der Stadt unter ihrem Zepter. Sie knüpft Handelsbeziehungen von Nürnberg und Prag bis tief nach Rußland hinein. Aber sobald sich Böhmen nach dem Tod des letzten Luxemburgers einen tschechischen Herrn gibt, verweigert ihm die Stadt den Gehorsam. Sie widersteht dem »Ketzerkönig« Podiebrad drei Jahrzehnte lang und zwingt die kompromißbereiten schlesischen Fürsten, ihr im Widerstand zu folgen. Wieder geht Breslau dem Lande voran, als es der Reformation seine Kirchen öffnet. Die Stadt des Bischofs fällt als erste vom alten Glauben ab, und das ganze Land folgt ihrem Beispiel.

Danach ging die Zeit städtischer Selbstherrlichkeit zu Ende. Breslau hatte sich mit der bescheidenen Rolle des Verwaltungszentrums zu begnügen. Aber noch einmal setzte die

F. G. Endler: Klein Tinz, Kr. Breslau

Stadt ein Zeichen, als sie 1945 – lassen wir die Frage nach dem Sinn des Festungskampfes einmal beiseite – Widerstand leistete gegen den Ansturm von Osten bis zum eigenen Untergang.

Die Ebene, der Berg, die Stadt: Von der Mitte strahlen die Lebenskräfte ins ganze Schlesien, die Oder hinauf bis ins oberschlesische Industrierevier und den Strom hinab, bis er vor Crossen die Mark erreicht, hinüber nach Norden zur Bartsch und in die polnische Ebene hinein und nach Süden hinauf in die Täler der Grafschaft, die wie eine stählerne Zwinge Schlesien mit Böhmen verklammert.

INS LAND DER SEHNSUCHT FAHREN

Und nun begleiten Sie mich bitte auf einer Fahrt nach Schlesien! Über Regensburg sind wir zur tschechischen Grenze bei Furth i. W. gekommen, haben übernachtet, um ganz früh den Schlagbaum hinter uns zu lassen. In blauen Wellen dehnt sich das Land im schrägen Morgenlicht. Sofort tritt die Ähnlichkeit dieser Landschaft mit Schlesien ins Bewußtsein. Hügelauf, hügelab schwingt sich die Straße. Es gibt wenig Verkehr. Zum Frühstück sind wir schon in Prag, sitzen auf der Karlsbrücke. Vor uns der Kleinseitner Brükkenturm, dessen Zierat an das Breslauer Rathaus denken läßt. Auf der Brücke die Litanei der barocken Heiligen. Viele von ihnen hat Ferdinand Maximilian Brockoff geschaffen, der ebenso in Breslau und Grüssau tätig war.

Rasch weiter durch das flache böhmische Becken, bis die Elbe in Sicht kommt. Gleich hinter der Brücke steht in dem kleinen Städtchen Podiebrady das erzene Reiterstandbild König Georgs von Podiebrad, den die Stadt Breslau im 15. Jahrhundert so erbittert bekämpft hatte und nicht als ihren Herrn anerkennen wollte. Nach Königgrätz liegt das Adlergebirge wie ein langer schwarzer Wall vor dem Horizont. Der Aufenthalt an der Grenze ist kurz; keine Probleme, wir sind in Schlesien! Schon verlockt die Abzweigung nach Bad Kudowa zu einem kurzen Abstecher zur »Schädelkapelle« in Tscherbeney. Die gewaltige Anhäufung bleicher Knochen ist ein bißchen zur Touristensensation verkommen. Tieferen Eindruck hinterläßt der stille dörfliche Friedhof mit wenigen frischen Gräbern und vielen von Gras und Wildblumen zugedeckten Hügeln, auf denen windschiefe Grabkreuze deutsche Namen tragen. Am »Hummel« und an Reinerz vorbei läuft die Straße nach Glatz hinein. Die Stadt bietet heute einen erschreckenden Anblick. Vor dem Aufstieg zum

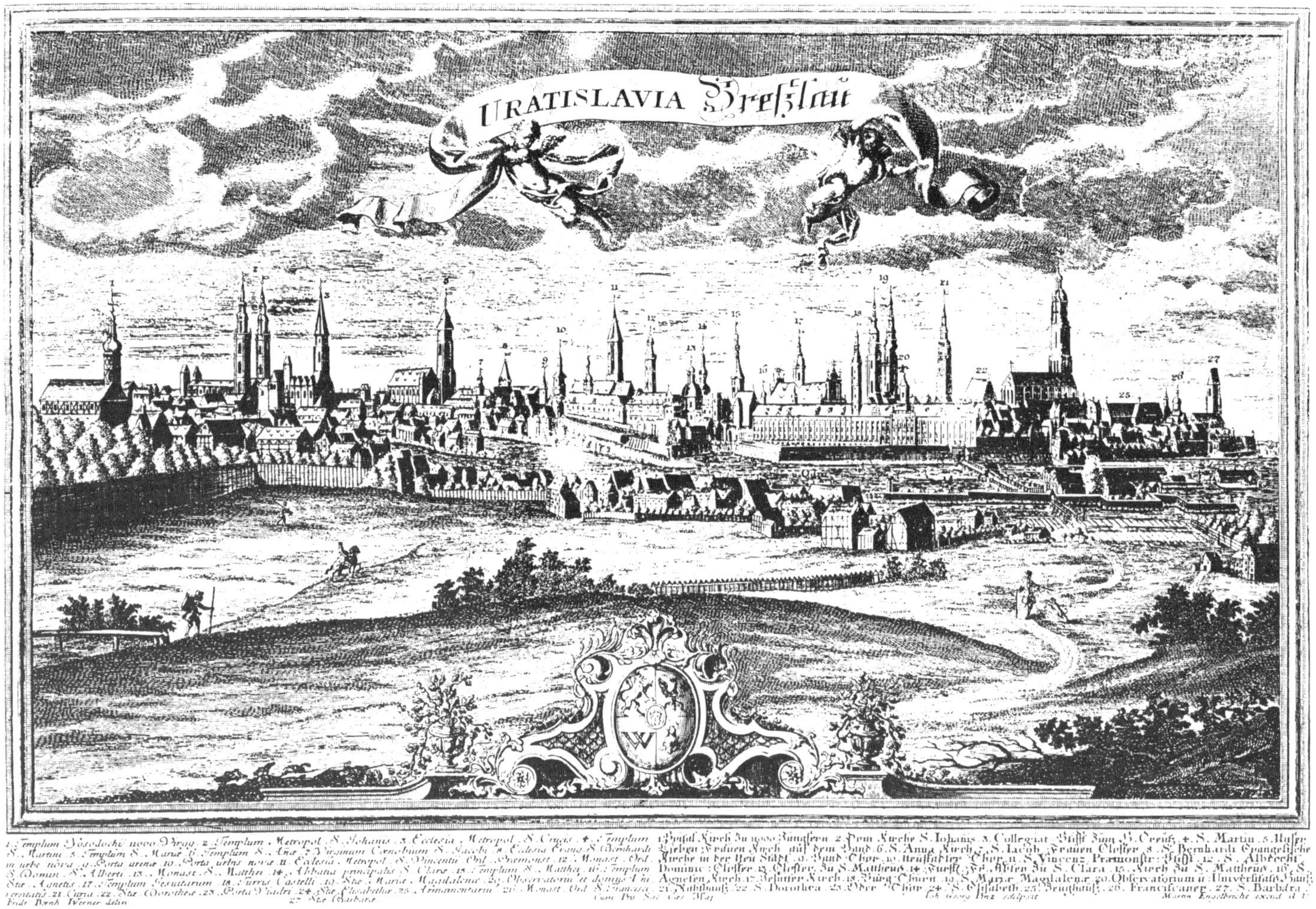

F.B. Werner: Panorama von Breslau

Ring kehren wir ihr den Rücken und haben tief aufatmend das noch immer beglückende, unversehrte Bild der Brücktorbrücke mit den Zwiebeltürmen der Minoritenkirche vor uns. Prag und Böhmen sind wieder ganz gegenwärtig.
Dann stehen die Doppeltürme der Wallfahrtskirche von Wartha im hellen Licht der Nachmittagssonne leuchtend über dem Neißetal. Frankenstein, das türmereiche, kommt in Sicht und bleibt zurück. Hinter Nimptsch schält sich der »Zutabärg« aus dem Dunst. Ich meine, den alten Holtei brummeln zu hören: »Da stiehste noch uff Deiner aalen Stelle...« Die letzten Bodenwellen strecken sich, während die Straße in die Ebene hineinrennt. Autobahn, Straßenbahnschleife am Südpark, die Kaiser-Wilhelm-Straße, Tauentzienplatz ... Wir sind in Breslau, »zu Hause«!

BRESLAU, EIN ARCHITEKTURERLEBNIS

»Zu Hause sein«, hier, wo es keine Breslauer – es sei denn als Touristen – mehr gibt? Nichts, was uns in dieser Stadt zu Hause sein ließ, ist mehr vorhanden – außer den Bauten! An sie müssen wir uns halten. »Breslau als Architekturerlebnis« hieß ein in den dreißiger Jahren erschienenes Buch. Wer heute Breslau und seine siebenhundertjährige deutsche Vergangenheit erleben will, der muß seine Bauwerke ansehen.
Wo ließe sich der Charakter dieser alten Patrizier- und Kaufherrenstadt besser erfahren als an ihrem Wahrzeichen, dem Rathaus? Da steht es im Glanz der Morgensonne und reckt die stolzen Giebel ins wärmende Licht. So viele prachtvolle gotische Rathäuser besitzt Deutschland, von Bremen und Braunschweig bis hinüber nach Stralsund und weit hinunter ins Schwäbische hinein. Was ist am Breslauer so besonderes? Sehen wir es nur im naiven Lokalstolz als das schönste von allen, oder steckt doch mehr dahinter?
Gotik an einem Profanbau – eigentlich ist das ein Widerspruch. Rathäuser sind dem Boden verhaftet. Selten haben sie mehr als ein oder zwei Obergeschosse. Gotik aber will sich vom Boden lösen, strebt zu den Wolken. Der Gotik gemäß ist die Kathedrale, nicht der Verwaltungsbau. Mögen sich die Rathäuser anderwärts noch so sehr mit Fialen, mit Wimpergen, Türmchen und anderem Zierat behängen, sie bleiben als steinerne Quader auf dem Boden liegen.
Aber das Rathaus in Breslau: wie steigt da der Hauptgiebel ins Blau hinauf! Die abgetreppten Seitengiebel assistieren ihm, wandeln sein Motiv ab, leiten hinüber und hinab zu den wuchtigen Erkertürmen, die es auffangen und zurückwerfen, hoch in die kupfergrünen Zeltdächer. Längst haben wir vergessen, daß es auch hier lediglich Erd- und Obergeschoß gibt. Wir sehen nur Dreiecke und Pyramiden. Und alle Spitzen weisen hinauf zum goldenen Knauf des Turms über der doppelt durchbrochenen luftigen Haube. Von der Eingangstreppe bis hinauf zur Turmspitze läuft alles zusammen in einer zum Himmel drängenden Pyramide. Profanbau und Gotik, hier klingen sie in reiner Harmonie zusammen. Das Rathaus wird zum Symbol der tüchtigen Kaufmannsstadt, die über Geschäft und Politik nicht vergißt, würdig zu repräsentieren.
Zur Repräsentation des Rates gehören auch die Respekt fordernden, fast bedrohlich gemeinten Reliefbilder des Vogtknechts und des Reisigen Mannes vor dem Eingang zur Vogteistube. Dazu gehört vor allem als Zeichen städtischer Gerichtshoheit die Staupsäule. Nach ihrer Zerstörung 1945 hatten wir sie schmerzlich vermißt. Jetzt steht sie – leider ohne das Rutenmännlein auf ihrer Spitze – wieder an alter Stelle!
Fragen wir einmal, wer von uns Breslauern früher die Gelegenheit wahrgenommen hat, das Rathaus auch von innen anzusehen? Heute stehen wir ergriffen im Remter und in der Ratsstube, im Fürstensaal und im Oberbürgermeisterzimmer und sinnen der Geschichte nach. Nein, früher fanden wir nicht so schnell ins Rathaus hinein. Doch vielen, die eilig an

Das Vinzenzkloster auf dem Elbing in Breslau

ihm vorbeistrebten, hat sich der Schweidnitzer Keller so in den Weg gestellt, daß sie nicht an ihm vorbeikamen.

»Wer nich im Schweidnischen Keller war,
der is nich ei Brassel gewesen!«

so hieß es in ganz Schlesien. Danach handelte jene trinkfrohe Sängerrunde aus dem Rheinland, die beim Sängerbundesfest 1937 vom Hauptbahnhof weg in den Schweidnitzer Keller einfiel, ihre Fahne zur Seite stellte, sich's beim Bier wohl sein ließ, Tag und Stunde vergaß, bis die Rückfahrt keinen weiteren Aufschub mehr duldete. Sie eilten zum Bahnhof zurück und waren durchaus »in Breslau gewesen«.

Dieser Keller wollte kein nobles Honoratiorenlokal sein. Bauern und Marktweiber – bis in die zwanziger Jahre hinein gab's ja noch den Wochenmarkt auf dem Ring – wärmten sich bei einem »Körndel« auf; Arbeiter, Studenten, Professoren, Handwerker, Intellektuelle und loses Künstlervolk saßen hier zusammen und keiner fragte, wer der andere wohl sei. Das war seit Jahrhunderten so – der Schweidnitzer Keller ist so alt wie die Ratskeller in Lübeck und Bremen – und das war so, als sich 1420 Kaiser Sigismund unerkannt unters Volk mischte, aber wenig Freundliches zu hören bekam. Er soll's den Breslauern mit dem schönen Spruch hingerieben haben:

»Wenn mancher Mann wüßte,
wer mancher Mann wär,
gäb' mancher Mann manchem Mann
manchmal mehr Ehr'.«

Heute bewahrt uns die ungastlich gewordene Stätte vor jeglicher Versuchung!

Beim Gang über die Kurfürstenseite des Ringes werden alle Probleme, die Polen mit den »wiedergewonnenen Westgebieten« hat, schmerzhaft sichtbar. Die erst vor zwei Jahrzehnten kunstvoll restaurierten Häuser starren aus leeren Fensterhöhlen, Putz fällt in großen Flächen ab. Tote Baugerüste halten sich an ihnen fest. Die vor zehn Jahren ausgebrannte Elisabethkirche ist noch immer Ruine, wenn auch inzwischen das Dach im alten grün-roten Schachbrettmuster eingedeckt wurde.

Welche Freude war es noch vor wenigen Jahren, den Elisabeth-Turm fast unversehrt wiederzusehen! Er schien das Versprechen zu geben, daß das wahre Breslau noch nicht untergegangen sei. Wie war dieser Turm von jeher Sinnbild für Stolz und Anspruch der Stadt! Mit dem »Steffl« in Wien hatte man wetteifern wollen. Aber dem Hochmut folgte der Fall. Eine Sturmnacht fegte die Spitze herunter. Weil bei dem gewaltigen Sturz niemand zu Schaden kam – nur eine Katze soll es getroffen haben – ging die Sage um, Engel hätten die Trümmer sorgsam zur Erde hinuntergetragen.

Und drüben Maria-Magdalena, die Bürgerkirche, in der die Reformation in Schlesien ihren Anfang nahm. Sagenumwoben auch ihre Türme mit der schmalen Verbindungsbrücke, die in der Silvesternacht alle alten Jungfern fegen mußten, zur Strafe, weil sie nie gelernt, was Liebe ist! Im Südturm hing die

Sünderglocke, die Wilhelm Müller zu seiner Ballade vom »Glockenguß zu Breslau« inspirierte. Generationen Breslauer Schulkinder haben seine Verse auswendig gelernt:

»War einst ein Glockengießer
Zu Breslau in der Stadt...«

Gehen wir vom Ring hinunter zur Oder, haben wir die Wahl: In der Oderstraße überfällt uns die Erinnerung an viele kleine Kneipen, in denen Oderkapitäne bei Korn und Bier so manche Ladung verhandelt haben. Buddelschiffe lagen in den Schaufenstern, es roch nach Hafen und Reeperbahn. Ganz anders der Weg durch die Schmiedebrücke. Sie war eine Straße der Schaufenster. Doch hier lebte auch die Geschichte der Freiheitskriege im Angesicht des »Goldenen Zepters« und des Josephskonvikts. 1813 hatte in Breslau die Erhebung Preußens gegen Napoleon ihren Anfang genommen. Im Gasthof »Zum Goldenen Zepter« war das Meldebüro des Freikorps Lützow, im Josephskonvikt hatte Henrik Steffens seine spontane Rede vor der Studentenschaft gehalten und zu den Waffen gerufen.

Auf dem Universitätsplatz packte mich vor einigen Jahren ein junger westdeutscher Student am Arm, helle Begeisterung strahlte ihm aus den Augen, und, seine Worte überstürzend, erklärte er mir, welch' herrlichen Saal es hier zu sehen gäbe. Das müsse ich unbedingt anschauen.

Wir haben uns lange unterhalten. Dabei wurde meinem Gegenüber erst bewußt, daß hier nicht polnische, sondern deutsche Geschichte zu erleben war. Wir sprachen von Eichendorff, der noch die alte »Leopoldina« besucht hatte, von Hoffmann von Fallersleben, dem Dichter des Deutschlandliedes, von Felix Dahn, Gustav Freytag und den vielen Gelehrten, die den Ruf der Breslauer Universität begründet haben. Hier schrieb Theodor Mommsen die ersten Bände seiner »Römischen Geschichte«. Gleichzeitig lehrten der Jurist Otto von Gierke, der Philosoph Wilhelm Dilthey und der Nationalökonom Lujo Brentano in Breslau. Nach ihnen wirkten hier der Astronom und Neptun-Entdecker Galle, der Nobelpreisträger Buchner, die Historiker Kornemann und Andreae, der Soziologe Rosenstock-Huessy und der Chirurg von Mikulicz-Radecki mit seinem Assistenten Ferdinand Sauerbruch.

Wienerisches und Süddeutsches ist zum Greifen nahe und mischt sich mit bodenständig Schlesischem. Ob Christoph Hackner aus Jauer den Universitätsbau entworfen hat oder die Pläne aus Wien kamen, bleibt ungewiß. Die Sandsteinfiguren auf der Portalbrüstung sind ein Werk des Bambergers J. A. Siegwitz, vom Münchener Felix A. Scheffler stammen die Fresken des Treppenhauses, das Deckengemälde der Aula entwarf Johann Christoph Handke aus Olmütz. Aus Wien kam Johann Michael Rottmayr und schuf mit dem Deckengemälde der Universitätskirche St. Matthias eines seiner genialsten Werke. Wie beglückend ist doch der Weg die fürstliche Treppe hinauf zur Aula und hinüber zur Matthiaskirche, dieser »ecclesia triumphans«, mit der die Jesuiten ihren Sieg über die evangelische Bürgerstadt feierten.

Von hier führt das Band barocker Klöster und Kirchen geradewegs hinüber zum Dom. Wir folgen ihm entlang der Oder. Staubig und lieblos wirkt der Ritterplatz heute. Aber die Bauten um ihn herum lassen doch vieles vom Fluidum des alten Breslau spüren. Hier ist die älteste Keimzelle der Stadt; hier stand das erste deutsche Kaufhaus; hier zogen die Wagen der Kaufleute über die Oder; hier stand später das Denkmal für Carl Gottlieb Svarez, den schlesischen Schöpfer des Allgemeinen Preußischen Landrechts.

Ein viel zu wenig beachteter architektonischer Glanzpunkt tut sich im Blick auf den hohen gotischen Chor der Vinzenzkirche auf mit seinem barocken Gefolge, der Hochbergkapelle und dem ehemaligen Klosterbau. Noch einmal wird hier der Zusammenklang norddeutscher Backsteingotik mit süddeutscher Barockarchitektur sichtbar.

Über der Brücke wartet in der Sandkirche ein ganz besonderes Erlebnis auf den Besucher. So radikal auch der Wiederaufbau den Innenraum verändert hat, das neue Bild überzeugt mit der Vollkommenheit seiner Harmonie. Staunend stehen wir in dem lichtdurchfluteten, von Weiß und Rot beherrschten Raum, in dem die Pfeiler ins Unendliche aufzusteigen scheinen. Eine Sinfonie aus Licht und Farbe sind die herrlichen modernen Glasfenster der polnischen Künstlerin Teresa Reklewska; hinreißend die Lebendigkeit der Springgewölbe in den Seitenschiffen und die ruhige Würde der wundervollen gotischen Flügelaltäre.

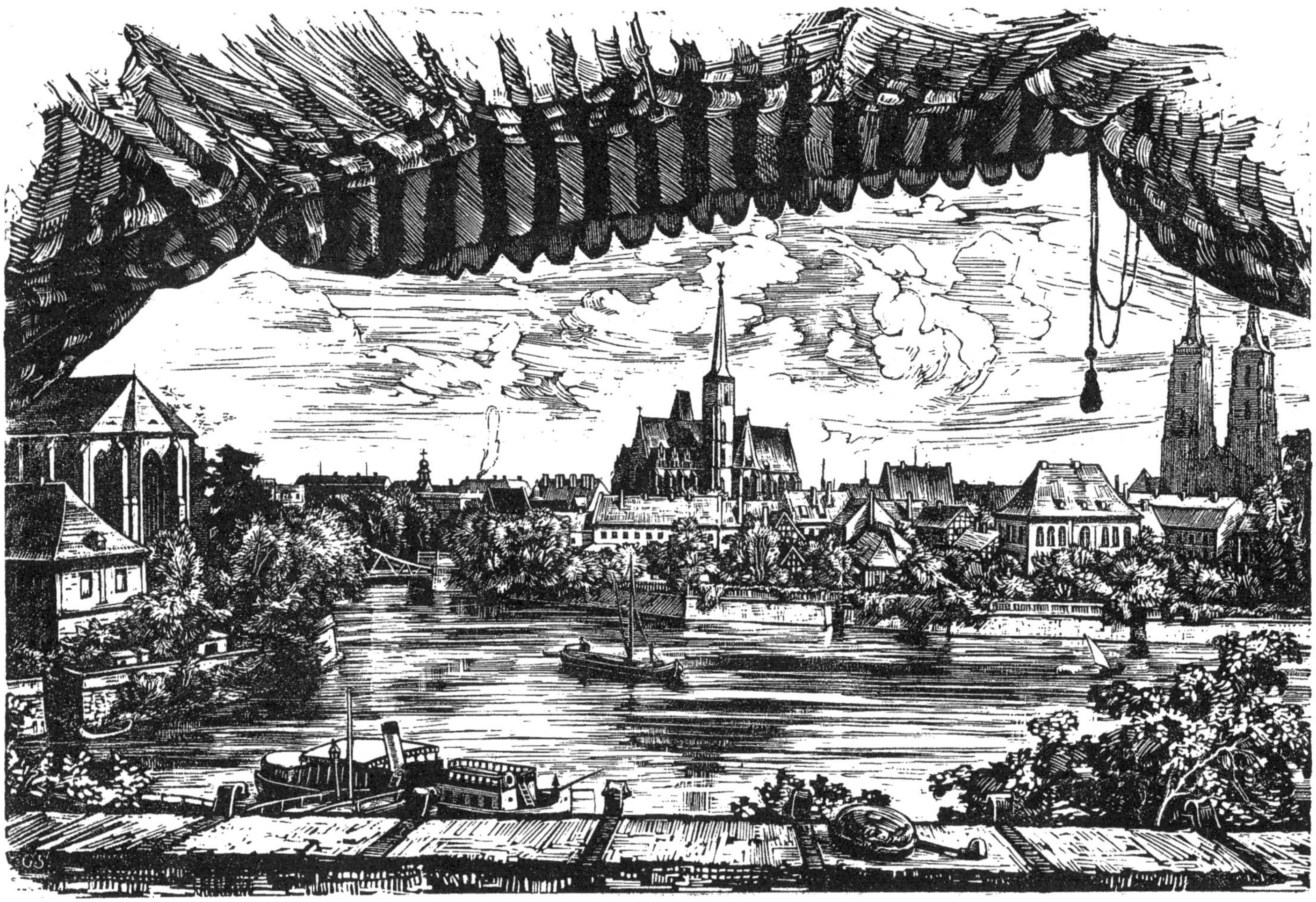

Grete Schmedes: Breslauer Dominsel

Die Dominsel ist zwar längst keine Insel mehr, aber noch immer spürt der Besucher die scharf vom weltlichen Treiben der Stadt abgegrenzte Stille dieser wahren »terra sancta«. Schwarzgewandete Priester, Nonnen mit wehenden Flügelhauben scheinen die einzigen Passanten zu sein. Dann und wann eine Hochzeitsgesellschaft, die dem Dom zustrebt, und Studenten mit dem Zeichenblock, hingegeben an das Bild der Nepomuksäule vor dem Umriß der Kreuzkirche.
Behutsam schwingt die Straße hin zum Dom, wo die majestätischen Türme Halt gebieten. Es ist wahr, unter den deutschen Domen kann der Breslauer keinen herausragenden Rang beanspruchen. Selbst in der Stadt kann er sich nicht messen mit dem malerischen Bild der Kreuzkirche und den Innenräumen der Dorotheen- und der Sandkirche. Aber er besitzt in der Elisabeth- und in der Kurfürstenkapelle zwei köstliche Kleinodien, geradezu Lehrstücke, an denen sich der unterschiedliche Charakter barocker Architektur südlich und nördlich der Alpen demonstrieren läßt. Hell und klar in der Kühle graublauen und weißen Marmors die Elisabethkapelle, ganz italienisch in der Darstellung der Persönlichkeit des Stifters und der Namenspatronin. Dagegen österreichisch-deutsch das mystische Halbdunkel der Kurfürstenkapelle Fischer von Erlachs: dunkler Marmor, mit versteckten Lichteffekten spielend, das Bildprogramm auf Symbole – Bundeslade und Engelssturz – ausgerichtet.
Kehren wir, um Abschied zu nehmen von der Stadt, noch einmal aufs linke Oderufer zurück und suchen wir uns eine Bank an der Holteihöhe im Angesicht der drei Kirchen über dem Strom: Ein Städtebild von einmaliger Schönheit. Die Oder und Breslau – das wäre ein Thema für sich. Köln, Dresden, Frankfurt haben ihre monumentalen Flußpanoramen, gekrönt von Dom oder Schloß. Nürnberg und Bamberg baden ihre Altstadtidylle im Geplätscher ihrer Flüsse, die fröhlich teilnehmen an Klatsch und Tratsch der Hinterhöfe. Die Oder in Breslau mischt sich nicht ein ins Leben der Stadt, aber sie bleibt nahe genug, um ihr Bild aufzufangen. Der Dom St. Johannes, Heilig Kreuz und St. Marien auf dem Sande, was wären sie ohne den ruhigen Spiegel des Flusses zu ihren Füßen?

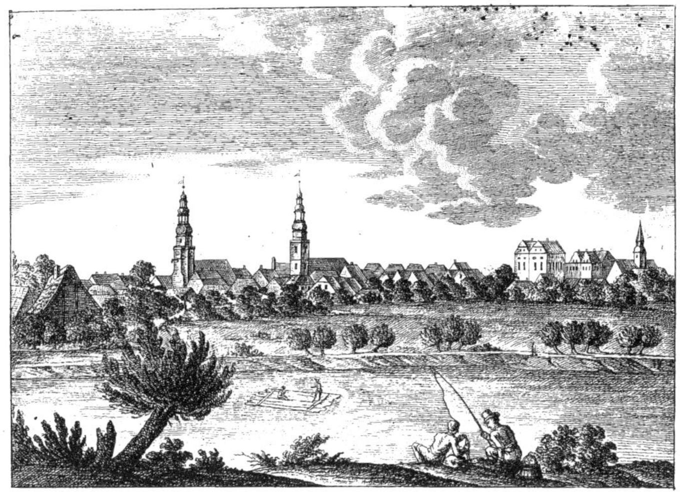

Ohlau

DIE ODER HINAUF: OHLAU UND BRIEG

Die Oder in Breslau: das konnte ein packendes Schauspiel sein, wenn im Frühjahr die Eisdecke aufgebrochen war. Dann donnerte der Fluß mit silberglänzenden Eisschollen über die Wehre. »Die Brieger Gänse kommen«, jubelten nicht nur die Kinder. Die ganze Stadt sah in ihnen die Vorboten des Frühlings. Wir wollen ihnen einmal auf einem imaginären Kahn entgegenfahren in ihre Heimat, nach Brieg! Kaiserbrücke, Wasserturm, Zoo, »Oderschlößchen«, Wilhelmshafen mit der »Liebesinsel« sagen uns die letzten Grüße der Stadt. Strachate und Margareth waren beliebte, wegen der Mückenplage in den Auwäldern manchmal auch gefürchtete Ausflugsziele. Beliebt wohl hauptsächlich wegen der romantischen Rückfahrt auf dem Wasser im Dunkel der Nacht!

»Sommernachtstraum« und »Wintermärchen« hießen die Dampfer.
In Ohlau gehen wir an Land. Seine volkstümliche Sehenswürdigkeit, den »Tod von Ohlau«, zeigt unsere Abbildung auf Seite 81. Seit Jahren schon steht das Uhrwerk. Niemand scheint in der Lage, es wieder in Gang zu setzen. Gestiftet hatte es Luise von Anhalt, Gemahlin Herzog Christians. Ihm ist das schöne Schloß zu danken, für dessen Bau er einen Italiener, Carlo Rossi, verpflichtete. Es wird heute sorgfältig gepflegt, weil später der älteste Sohn König Johanns III. Sobieski Ohlau kurze Zeit als Pfand besaß. Er hat sich kaum hier aufgehalten, denn seine Bewerbung um die polnische Krone – August der Starke hat sie ihm schließlich weggeschnappt – ließ ihm keine Zeit zur Muße.
Ohlau war eine betriebsame Stadt. Aus ihren Fabriken kamen Zinkbleche und Zement, Eisenbahnschwellen, Waggons, Farben, Leim, Papier und ... Gänseleberpastete. Berühmt – und ein wenig belächelt – war der Tabakanbau in der Umgebung. 1643 hatte es die erste »Tabakspinnerei« gegeben, mehr als dreißig Tabakfabriken waren es um die Mitte des vorigen Jahrhunderts.

Grete Schmedes: Eichen

Der »Knaster-Anbau« war mühsam und riskant. Zeitig im Frühjahr legte der Pflanzer die winzigen Samenkörner ins gut gedüngte Frühbeet. Waren die Pflänzchen kräftig genug und kein Frost mehr zu befürchten, begann das Einsetzen in den sorgfältig vorbereiteten Acker. Ständig mußte gegossen werden. Unkraut durfte nicht hochkommen. Die Seitentriebe wurden entfernt, damit alle Wachstumskraft den Blättern zukam. An schwülen Sommertagen sah der Tabakbauer besorgt in den Himmel. Wehe, wenn eins der gefürchteten Hagelwetter losbrach. In wenigen Minuten konnte die ganze Ernte zerschlagen sein. Doch war der Himmel gnädig, trugen die zwei Meter hohen Stauden »Sandblätter« bis zu 50 Zentimeter Länge. »Geitzen« hießen die oberen Blätter minderer Qualität.
Nur 20 Kilometer südlich von Ohlau liegt Wansen, die »Zigarrenmacherstadt« mit zwei größeren Fabriken und vielen Kleinbetrieben. Dort schauen wir einmal den Zigarrendrehern zu: Zuerst werden die duftenden Blätter von der Hauptrippe befreit, die aber auch selbst als »Krüllschnitt« Verwendung findet. Nun werden die Blatthälften sortiert nach »Deckblatt« und »Umblatt«. Abfall und Geitzen ergeben die »Einlage«. Der »Wickelmacher« füllt ein glattgestrichenes Umblatt mit Einlage, formt einen Wickel und drückt ihn in die Holzform, die 20 solcher Wickel aufnimmt, vorformt, preßt und trocknet. Anschließend werden die Wickel beschnitten, und die hohe Kunst des »Zigarrenmachers« beginnt: Aus makellosen Deckblättern schneidet er fingerbreite Streifen, setzt einen solchen Streifen schräg an den Wickel an und rollt ihn damit fest ein. Das überstehende Ende schneidet er zur »Fahne« und klebt es mit Mehlkleister fest. Fertig ist die »Wansener Zigarre«!
Haben wir uns jetzt allzuweit im Dunst des Ohlauer und Wansener Knasters verirrt, kehren wir schleunigst zur Oder zurück. Unser imaginärer Kahn trägt uns weiter stromauf durch Eichenwald, wo, versteckt zwischen sumpfigen Altwässern, kaum sichtbare Reste einer alten slawischen Burg

liegen: Ritschen. Als Brieg noch eine lebhafte Piastenresidenz war, unternahm der Hof regelmäßig zur Sommerszeit seine Lustfahrten nach dem »Ritscheberge«. Dort wurde unter der »Piasteneiche« an steinernen Tischen fröhlich gespeist und pokuliert. Aber das Volk flüsterte, wenn ein Ast dieser Eiche dorre, müsse einer der Herzöge sein Leben lassen.

Bald tritt der Wald zurück, die Türme von Brieg werden sichtbar. »Brieg gehört zu den stattlichsten, bestgebauten Städten Schlesiens«, stellte Julius Krebs 1836 fest. Neben Liegnitz und Oels ist Brieg die wichtigste Fürstenresidenz Schlesiens. 1311 war das selbständige Herzogtum Brieg aus einer der vielen piastischen Erbteilungen hervorgegangen. Es blieb – häufig in Personalunion – mit dem Herzogtum Liegnitz bis zum Aussterben der Piasten 1675 verbunden. Das Herzogshaus prägte die Stadt. An ihren Bauten läßt sich ablesen, welche kulturelle Kraft selbst ein vergleichsweise bescheidener Fürstenhof ausstrahlen konnte.

Briegs Glanzzeit lag im 16. Jahrhundert. Herzog Friedrich II. (1498–1547), vornehmlich in Liegnitz residierend, hatte sich schon früh zu Luthers Lehren bekannt. Er gründete in Liegnitz die erste lutherische Universität, der allerdings – im Gegensatz zu Marburg – kein langes Leben beschieden war. Mit Kurfürst Joachim II. von Brandenburg schloß er jene Erbverbrüderung, auf die später Friedrich der Große seine Ansprüche auf Schlesien gründete, und vereinbarte die Doppelheirat seines Sohnes und seiner Tochter mit den brandenburgischen Erben. Wenige Jahre vor seinem Tode begann er mit dem Schloßbau in Brieg, den sein Sohn Georg II. in vierzigjähriger friedlicher Regierungszeit vollendete.

Heute ist dem Schloß nicht mehr anzusehen, welchen Ruf es einst weit über Schlesien hinaus genossen hat. Aus Oberitalien waren die Baumeister Jacobo Pahr und Bernhard Niuron berufen worden. Ihr Konzept, die vorhandenen, unorganisch gewachsenen Bauteile zu einem mehrflügeligen Komplex zusammenzufassen und mit durchlaufenden Arkaden in eine augenfällige Ordnung einzubinden, erregte Aufsehen. Aus Braunschweig und Böhmen verlangte man Modelle und Ansichten, Pahrs Sohn wiederholte später am Schloß zu Güstrow den Brieger Arkadentypus. Prunkstück des Schlosses ist der Portalbau, »ein nach Schlesien versetzter oberitalienischer Palazzo« (Braunfels) nach dem Vorbild der Loggia in Brescia.

Freilich hat der Eifer, mit dem Herzog Georg die schmale Fassade mit Schmuck überhäufte, dem Gesamteindruck Abbruch getan. In zwei Reihen eng aneinandergerückt, formieren sich seine längst verblichenen Vorfahren zum Gefolge des Herrscherpaares, das in voller Lebensgröße über der Einfahrt den Besucher willkommen heißt. So sehr sich die polnische Denkmalpflege bemüht, die schlesischen Piasten als polnische Fürsten herauszustellen, die Steine sprechen eine andere Sprache. Nicht nur die Figuren des Herzogspaares selbst, auch die beiden Wappen – auf der Hofseite der Einfahrt wiederholt – überliefern die enge Verbindung der Fürstenhäuser in Brieg und Brandenburg.

Schon ein Vorfahr, Ludwig II. von Brieg (1399–1436), war mit einer brandenburgischen Prinzessin verheiratet. Er hat vornehmlich fern der Heimat Kaiser Sigismund auf seinen Reisen begleitet. Dabei geriet er unversehens in einen ganz versteckten Winkel der deutschen »Poesie«. Als er nämlich im kaiserlichen Gefolge nach Kastilien unterwegs war, mußten die hohen Herren mit durchaus nicht fürstlichen Quartieren vorlieb nehmen. Zu mehreren teilten sie ein Schlafgemach. Oswald von Wolkenstein, der Sänger aus Tirol, war auch dabei. Wenn man ihm glauben darf, gab es jugendherbergsmäßigen »Budenzauber«:

> »Der Herr von Brieg, der war nicht dumm,
> der lag und dachte nach –
> ich streckte meinen Hintern hoch,
> entbot ein ›Guten Morgen!‹
> Nun wurde mir so mancher Schuh
> mit wilden Flüchen nachgeworfen!«

Verschwägert blieben Brieg und Brandenburg bis ins 17. Jahrhundert. Dabei brachte es Dorothea Sibylla, Markgräfin von Brandenburg, seit 1610 verehelicht mit Herzog Christian von Brieg, zu besonderer Beliebtheit. Sie muß das Urbild einer lebensfrohen Landesmutter gewesen sein. Zutraulich nannten sie die Brieger das »liebe Dorel«. Es gibt eine hübsche Geschichte, wie Friedrich von Logau nach dem frühen Tod seiner Eltern an den Brieger Hof kam und als blutjunges Bürschlein dem Charme des »lieben Dorel« erlag, ihr ein Briefchen glühender Verse schrieb und damit den Herzog höchlichst erzürnte. Das liebe Dorel wußte ihren Gemahl zu sänftigen und den frechen Pagen zu ermahnen, »so er ferner die Poeterei treibe«, solle er »den lieben Gott preisen, des Frauenzimmers aber unbekümmert bleiben, sonderlich die Hofejungfern ungeneckt lassen«.
Wie lange er's beherzigt haben mag? Die Poeterei jedenfalls hat er »ferner betrieben«, dabei die Jungfern nicht ungeneckt gelassen und uns so schöne Verse hinterlassen wie diese:

»Wie willstu weiße Lilien zu roten Rosen machen?
Küß' eine weiße Galathee: Sie wird erröthet lachen!«

»Gott geb' Dir alles Gute und gebe mir noch Dich!
Sodann hab' alles wieder, und mehr dazu noch, ich!«

»In einem Weiberrocke, in einem Bienenstocke
steckt Schaden und Genieß, Ergetz und auch Verdrieß!«

Der letzte Sproß des Brieger Herzogshauses, ein blitzgescheiter, hoffnungsvoller Prinz, starb schon mit 15 Jahren. Seine dringende Bitte – schon im Bewußtsein des nahen Endes an den Kaiser gerichtet – »meine Untertanen bei ihrem bisherigen Glauben zu erhalten«, blieb ungehört. Bald zogen die Jesuiten in Brieg ein. Ihre prächtige Kirche Zum Heiligen Kreuz, 1735 nach den Plänen von Joseph Frisch erbaut, steht gleich neben dem Schloß. Das Innere läßt ihr Vorbild, die Matthiaskirche in Breslau, erkennen. Originell ist der »Hochaltar«, den Pater Johann Urban als illusionistische Projektion auf die Chorwand malte.
Auf dem Ring führen uns das Rathaus und einige Bürgerbauten vor, wie stark das Schloß den Bauwillen der Stadt geprägt hat. Pahr und Niuron haben auch das Rathaus entworfen, mit einer wiederum italienisch anmutenden Loggia und sehr deutschem hohem Dach, unter dem sich ein ganzer Jahresvorrat an Getreide zusammen mit dem Waffenarsenal unterbringen ließ. Vom Ring abgerückt steht die Pfarrkirche St. Nikolai. Schmerzlich vermissen wir in ihr die herrliche Orgel Michael Englers, eines der Hauptwerke barocken Orgelbaues in Deutschland. Ihren Prospekt haben Granaten zerfetzt. Die ausgelagerten Pfeifen entdeckten später die Russen und schmolzen sie ein.

GRENZLAND AM POLNISCHEN TOR – NAMSLAU UND OELS

Rechts der Oder läuft ein breites Band von Mischwäldern von Oberschlesien bis hinunter in die niederschlesische Waldheide. Nur bei Breslau unterbricht es eine breite Schneise. Trichterförmig führt sie von der polnischen Grenze zwischen Pitschen und Kreuzburg zur Oder hinüber, ein breiter Streifen offenen Landes, das »Polnische Tor«, Einfallspforte nach Schlesien hinein und zugleich auch seine Verbindung zum Osten. In der Schneise liegt die Straße, auf der sich Schlesien sein Salz aus Wieliczka holte, auf der Breslauer Kaufleute ihre Fuhrwerke bis nach Kiew rollen ließen.
Oels, Bernstadt, Namslau – die Städte liegen an ihr wie aufgereiht. Sie holten sich ihren Anteil am durchziehenden Handel und waren doch gegründet als Burgen zum Schutz gegen Einfälle von Osten. Namslau vor allem hat seinen Charakter als Sumpfburg bewahrt. Wenn im Frühjahr die weiten Wiesen zwischen den silbrigen Schleifen des Weide-Flüßchens unter Wasser stehen und sich die Straße eng an der

Burg vorüberdrückt, wird augenfällig, weshalb Kaiser Karl IV. gerade hier eine starke und feste Stadt benötigte, um Schlesien, seine jüngste Erwerbung für Böhmen, dauerhaft zu schützen.

Gleich hinter Namslau verlief die alte deutsch-polnische Grenze. An keinem Fluß, keinem Gebirgszug fand sie Halt. Und doch war sie eine der ältesten Grenzen Europas, unverändert durch viele Jahrhunderte. Hüben wie drüben die gleiche Landschaft, aber wer die Linie überschritt, spürte an Haus und Hof und an den Menschen den tiefen Einschnitt, den sie markierte. Immer wieder wissen die Chroniken von Überfällen der polnischen Nachbarn zu erzählen. Die Grenze blieb fest, aber friedlich war sie selten, solange es einen polnischen Staat gab. Sobald er 1918 neu erstand, geriet sie wieder in Gefahr.

Der spektakuläre Kampf um Oberschlesiens Industriegebiet ließ zu schnell vergessen, daß die Grenze auch in Mittelschlesien angegriffen war. Hier gewann Polen einen Streifen von mehr als 500 Quadratkilometern mit rund 26000 Menschen ohne jede Abstimmung. Man stützte sich auf eine Erhebung aus dem Jahre 1910, in der die Hälfte der Einwohner Polnisch als Muttersprache angegeben hatte. Dazu muß man wissen, daß die Dorfschullehrer eine Sondervergütung erhielten, wenn sie einen hohen Anteil Polnisch sprechender Kinder zu unterrichten hatten. Die Erhebung hatten die Lehrer durchgeführt. Ob da nicht mancher ein bißchen nachgeholfen hat? Und wer Wasserpolnisch sprach, war noch lange kein Pole. Die Abstimmung im oberschlesischen Kreis Kreuzburg zeigt es. Nach der Statistik von 1910 sprach dort 46 v. H. der Bevölkerung Polnisch. Bei der Abstimmung aber votierten 96 v. H. für Deutschland.

Die Burg in Namslau ist noch heute ein wichtiges Baudenkmal der Stadt, wenn man sie auch ein bißchen mühsam hinter dem übermächtigen Fabrikgebäude der Brauerei suchen muß. Namslauer Bier – das wäre ein Kapitel für sich. Es hat schon in alten Zeiten einen guten Ruf gehabt. Nicht nur das

F. G. Endler: Schloß zu Sibyllenort

einfache Volk sprach ihm zu, ein leibhaftiger Herzog soll Amt und Würden darangegeben haben, um nur sein Bier nicht zu missen. Da aber die Leute in Steinau an der Oder von ihrem Bier und ihrem Herzog die gleiche Geschichte erzählen, sparen wir sie uns auf, bis wir dorthin kommen.

Albrecht Haselbach, letzter Inhaber der Namslauer Brauerei, hatte eine einmalige Sammlung schlesischer Ansichten aus dem 18. und 19. Jahrhundert zusammengetragen und sie rechtzeitig in den Westen bringen können. Sie ist heute eine unschätzbare Quelle des Wissens um unsere Heimat. Die Burg ist inzwischen – vom Kapellenerker und dem Brunnen im Hof abgesehen (unsere Abbildung Seite 92) – vollends zum Mietshaus verkommen. Aber es gibt darin ein »Museum« mit Keramik, Waffen, Gemälden, Gläsern, Hausgerät und Büchern. Aus jedem Stück spricht uns schlesisches Leben der Vergangenheit an.

In der Stadt sind die ärgsten Nachkriegsschäden beseitigt. Sie macht dennoch einen fremden Eindruck. Für alle diese Landstädte auf der rechten Oderseite – von Namslau bis hinunter nach Guhrau – gilt das gleiche: Der russische Vormarsch überschritt fast ungehindert die schlesische

Oels

Grenze, wirkliche Kriegsschäden gab es hier kaum. Aber unmittelbar hinter den Truppen kamen die Plünderer und Marodeure. Was hier geschah, straft alle Behauptungen von Polens »Rückkehr in seine Westgebiete« Lügen. Man fühlte sich als Sieger im eroberten Land. Ganze Häuserzeilen wurden im Siegesrausch angezündet, »um es hübsch warm zu haben«, wie es einer der Brandstifter in Groß Wartenberg ausdrückte.

Kehren wir noch einmal zur Spitze jener trichterförmigen Schneise zurück und fahren wir von Breslau auf der Hundsfelder Chaussee nordostwärts. Seitlich liegt Sakrau, das einmal ein beliebter Ausflugsort gewesen ist. In die Geschichte ging es ein als Fundort eines wandalischen Goldschatzes. Reiche Grabbeigaben aus Gold, Silber und Keramik sind beredte Zeugen für die hohe handwerkliche und künstlerische Fähigkeit der frühen germanischen Bewohner. Heute ist dieser Fund wertvoller Besitz des Vorgeschichtlichen Museums in Breslau.

Nicht weit davon ruft Sibyllenort Kindheitserinnerungen an sonnenhelle Ausflüge, einen unendlich scheinenden Park und ein märchengleiches Schloß mit hohen Zinnentürmen wach. Längst vergangene Träume! Aus dem Park ist ein Urwald geworden, das Schloß gibt es nicht mehr. Wem sollte man heute noch erzählen von dem mehr als 300 Hektar großen Landschaftspark, der ein zweites Muskau gewesen ist, von dem vielflügeligen Schloß im Stil der Tudors, in dem der letzte König von Sachsen seine Tage beschloß, von den 5000 Gemälden, den ungezählten Möbeln, Vasen, Kunstwerken, die hier zusammengetragen waren?

Wir fahren weiter durch flaches Land, bis rechts über den Kornfeldern die roten Dächer und Türme von Oels auftauchen. Zwar ist die Stadt bei Kriegsende zu zwei Dritteln zerstört gewesen – das wenigste war bei Kampfhandlungen in Trümmer gegangen –, doch haben hier inzwischen Aufbauarbeiten ein für das heutige Schlesien bemerkenswert freundliches Bild zuwege gebracht.

Wie Brieg ist auch Oels von seinem Herzogshaus geprägt. Seit Johann von Münsterberg-Oels sich 1538 zum lutherischen Glauben bekannt hatte, blieb die Bevölkerung im Schutz der evangelischen Landesherren von Glaubensbedrohungen frei. Das Herzogtum bewahrte seine Selbständigkeit gegenüber Wien bis zum Einmarsch Preußens. 1594 stiftete Herzog Karl II. das »Gymnasium illustre«, eine der in regionalen Residenzen häufig anzutreffenden Schulen, die dem humanistischen Erziehungsprogramm von Melanchthon gerecht zu werden versuchten. Zwischen 1648 und 1653 lebte Johannes Scheffler als Leibmedicus am Oelser Hof. Dort lernte er Abraham von Franckenberg kennen, den eifrigsten Verfechter der Lehren Jakob Böhmes und eigentlichen Lehrmeister der schlesischen Mystiker. Der Weg Schefflers (Angelus Silesius) zum Höhepunkt der mystischen Dichtung des Jahrhunderts ist ohne die Begegnung mit Franckenberg in Oels kaum denkbar.

Schefflers »Cherubinischer Wandersmann« ist unvergänglich geblieben. Seine Verse zeugen von einer Gottesgewißheit, die hoch über allem Religionenstreit steht.

»Gott ist in mir das Feuer
und ich in ihm der Schein:
Sind wir einander
nicht ganz inniglich gemein?«

Wie unerhört ist sein Wort von der Abhängigkeit Gottes vom Menschen:

»Ich weiß, daß ohne mich
Gott nicht ein Nu kann leben;
Werd' ich zunicht,
Er muß vor Not den Geist aufgeben.«

Wie in Brieg ist auch hier das Schloß das herausragende Bauwerk; fast zur gleichen Zeit entstanden, weniger reizvoll im Detail, aber monumentaler und deutlicher das Stadtbild beherrschend. Bis zum Herbst 1945 hat es – nahezu unversehrt geblieben – als russisches Stabsquartier gedient, ist danach aller Kunstschätze beraubt worden und war lange Zeit dem Verfall preisgegeben. Erst später entsann man sich darauf, die Piasten als polnische Fürsten auszugeben. Nun wurde das Schloß mit aller Sorgfalt renoviert und als »Piastenresidenz« herausgestellt, obwohl der Bau erst 100 Jahre nach dem Tod des letzten Oelser Piasten entstanden ist. Wie »polnisch« diese Fürsten fühlten, zeigen ihre Namen: Die zehn Oelser Piasten hießen allesamt Konrad!
Nach ihnen kamen die Münsterberger, Nachfahren des böhmischen Königs Georg von Podiebrad. Sie bauten ihre neue Residenz auf den Grundmauern einer alten Burg. Das prachtvolle Vortor (Abbildung Seite 98) empfängt den Besucher. Über der Durchfahrt der Vorburg (»Wittumsstock«) steht in Stein gehauen der Bauherr, Herzog Johann von Münsterberg-Oels. Besonders malerisch ist der Schloßhof. Im Schloßmuseum ist ein Modell der Stadt in ihrem Zustand gegen Ende des 18. Jahrhunderts zu sehen sowie eine bewundernswerte Intarsienarbeit in einem Erker des zweiten Stockwerks.
Eng verbunden mit dem Schloß ist die Pfarrkirche St. Johannes, meist »Schloßkirche« genannt. Altar und Kanzel (Abbildung Seite 99), die schönen Emporenbrüstungen und die Fürstenloge, alles in dunklem Holz gehalten, sind wie die Orgel im 17. Jahrhundert entstanden. Sie geben dem Innenraum sein einheitliches Bild. Sehenswert sind die Grabdenkmäler der hier beigesetzten Herzöge.
Wandern wir vom Schloß zur Stadt, muß die rätselhafte Säule mit Herzogshut erklärt werden, von der alle Inschriften entfernt sind. Sie erinnert an die Goldene Hochzeit (1761) Herzog Carl Christian Erdmanns und seiner Gemahlin Marie Sophie Wilhelmine.
Noch immer gibt es große Lücken im Stadtbild. Aber gerade dadurch kommt in der Georgenstraße die wohlproportionierte Dreifaltigkeitskirche (erbaut 1739–1744) schön zur Geltung. Dahinter ragt die seltsam geformte Turmspitze der Propstkirche auf. Den Entwurf fertigte Carl Gotthard Langhans an. Eigenartig ist auch die Kirche selbst. Zwei Backsteinkirchen, die Georgenkirche aus dem 14. Jahrhundert und die Marienkirche aus dem 15. Jahrhundert, sind zu einem Gotteshaus verbunden. Damit verlassen wir Oels am ehemaligen »Marientor« und wenden uns über die Trebnitzer Höhen nach Westen.

Quaerens aliena negligit propria.
F. B. Werner: Schmarse, Kr. Oels

STADT DER HEILIGEN HEDWIG

Trebnitz liegt eingebettet in die sanften Hügel des Katzengebirges, ein stiller, fast dörflicher Ort, in dem die zurückhaltende Silhouette von Kirche und Kloster den Ton angibt. Noch immer scheint das Bild der hl. Hedwig über dem Städtchen zu stehen. Schon im ersten Jahr seiner Regierungszeit hat Heinrich I. auf Drängen Hedwigs das Trebnitzer Kloster gegründet und es mit Nonnen aus Bamberg besetzt. Hedwig hat hier ihre letzten Lebensjahre verbracht. Hier ist sie auch gestorben.

Sie ist im tiefsten Sinne die Mutter Schlesiens. In ihrer Verehrung hat es nie Streit gegeben zwischen den Religionen. Auch für die hierher verpflanzte, tief gläubige polnische Bevölkerung ist sie die Schutzheilige des Landes geblieben.

Gerade 12 Jahre alt, war sie – ein kleines Mädchen noch – an den fernen Prinzen Heinrich in Schlesien verheiratet worden. Die Väter hatten dies vereinbart: Berthold, Graf von Andechs, Herr in Oberbayern und Tirol, und Herzog Boleslaus von Schlesien, genannt »der Lange«. Im Gefolge Kaiser Barbarossas hatten sie sich kennengelernt, auf gemeinsamen Ritten nach Italien die gleichaltrigen Kinder einander versprochen, ob es diesen nun gefiel oder nicht.

Leicht hat es die kleine Hedwig bestimmt nicht gehabt in dem fremden Land an der Oder. Kein Wunder, daß sie zusammen

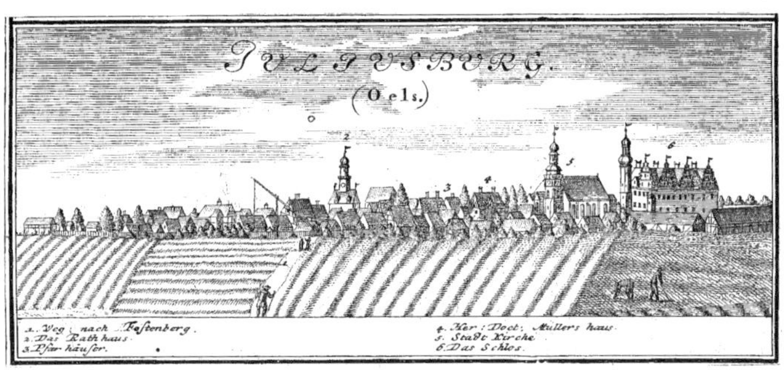

Juliusburg, Kr. Oels

mit Heinrich eifrig bemüht war, möglichst viele deutsche Bauern, Mönche, Kaufleute hereinzuholen, neue Dörfer im Waldland anzulegen, Städte zu gründen und dem Land ein Gesicht zu geben, wie sie es aus ihrer Heimat kannte. Natürlich hat Hedwig auch Polnisch gesprochen. Für die Eingesessenen sorgte sie ebenso wie für die Zuwanderer. Hedwig nannten sie die einen, Jadwiga die anderen. Allen war sie ein Vorbild an Güte und Hilfsbereitschaft. Kein Bettler ging unbeschenkt, kein Hilfesuchender ungetröstet von ihr. Mit eigenen Händen pflegte sie Kranke, lebte selbst fromm und kasteite sich. So berichten es zahllose Legenden. Aber das ist nur die eine Seite. Was sie als Herrscherin vermochte, zeigte sich, als Heinrich auf einem Kriegszug in Gefangenschaft geriet. Da verbietet sie ihrem Sohn, zu den Waffen zu greifen und den Vater herauszuhauen. Sie selbst macht sich auf den Weg in ihrem 54. Lebensjahr. Eine alte Frau im schlichten Pilgerkleid reitet mit kleinstem Gefolge tagelang durch klirrenden Frost zu dem feindlichen Herzog. Als sie vor ihn tritt, genügen ihr Blick und wenige Worte: Heinrich kommt frei!

Aber wichtiger noch: Sie war es, die mit der Kraft ihrer Liebe, in ihrer stillen Demut und mit ihrer großen Persönlichkeit das Vorbild gab für Polen und Deutsche, das Vorbild für das friedliche Zusammenwachsen so gegensätzlicher Volksstämme zu dem neuen Volk der Schlesier. Sie wird die wahre, die gemeinsame Mutter für alle. Und auch heute, wo Nationalitätenhaß und Ideologien die Völker gegeneinander hetzen, steht sie segnend über dem Land, als warte sie darauf, daß ihre Kinder wieder zur Einsicht kommen und zu der Gemeinsamkeit zurückfinden, die sie einst begründet hat.

Hedwig ist hier überall gegenwärtig. Hat auch der spätere Umbau von Kloster und Kirche viele Spuren verwischt, einiges hat sich doch aus ihren Tagen erhalten. Ihm wollen wir nachgehen. Denken wir uns die Nepomuksäule und den klassizistischen Turm einmal weg. Dem Turm ist ein prächtiges, dreifaches romanisches Portal zum Opfer gefallen, durch

das Hedwig noch geschritten ist, wenn sie die Kirche betrat. Davon ist nichts mehr zu sehen. Doch ein schönes Tympanon kam bei Renovierungsarbeiten in den dreißiger Jahren zum Vorschein. Wir finden es ganz versteckt im Winkel hinter dem Turm. Es zeigt »David vor Bathseba« und nimmt das biblische Motiv nur als Vorwand für eine ganz weltliche Szene, wie sie sich im 12. und 13. Jahrhundert an allen Fürstenhöfen immer wieder abgespielt haben mag. Da sitzt der adlige Sänger – die Krone zeigt seinen hohen Rang – vor der Dame seines Herzens, zupft mit weitausholender Gebärde die Gitarre. Die beiden sind nicht allein. Züchtig und sittsam wacht die Dienerin hinter der Herrin.
In der Kirche empfangen uns goldrauschende Altäre und jubelnder Barock. Im linken Seitenschiff gehen wir vor zu dem wunderschönen schmiedeeisernen Gitter vor der Johanneskapelle, hinter dem der schlichte alte Kalksteinsarkophag des früheren Hedwigsgrabes steht. Eine Treppe führt hinunter in die Krypta, zur Hedwigsquelle. Hier lebt die Gründungssage des Klosters fort:
Auf der Jagd war Herzog Heinrich zu Pferd allein in einen Sumpf geraten, aus dem er sich nicht befreien konnte. Schon war sein Pferd bis an den Bauch eingesunken, an Rettung nicht mehr zu denken. Der Herzog in seiner Not besann sich der Wunderkraft des Gebetes, von der ihm Hedwig so oft gesprochen hatte. Er gelobte, an dieser Stelle ein Kloster zu errichten, wenn er nur lebend aus dem Morast herauskäme. Da tauchte aus dem Gebüsch ein verrußter Köhler auf, reichte dem Herzog einen starken Ast, an dem er sich auf festen Boden herausziehen konnte. Der Köhler verschwand so spurlos, wie er gekommen war. Der Herzog aber erfüllte sein Gelübde, wenn auch der Bau auf so unsicherem Grund die fürstliche Kasse fast geleert hätte.
Krypta und Hedwigsquelle bezeichnen die Stelle, an der Herzog Heinrich in so große Gefahr gekommen sein soll. Im hohen Chor steht das Doppelgrab für ihn und den Hochmeister des Deutschen Ordens, Konrad von Feuchtwangen. Die monumentalen Standbilder Hedwigs und ihrer Nichte, der hl. Elisabeth, schuf Franz Joseph Mangold.
Und nun kommen wir zur südlichen Chorkapelle mit dem überaus prächtigen und kostbaren Hedwigsgrab aus schwarzem und rotem Marmor, das für unser Gefühl so gar nicht zu der menschlich schlichten Hedwigsgestalt passen will. Äbtissin Christina von Würben hat es im Jahre 1680 als standesgemäße Grabstätte für die fürstliche Landesmutter gestiftet. An dieser Stätte soll Friedrich der Große voll Respekt bemerkt haben: »Meine Tante hat gut gearbeitet«. Wenn es auch mit der Verwandtschaft nicht so ganz stimmt, hat er »seiner Tante« immerhin die Hedwigskirche in Berlin erbaut.
Trebnitz ist nicht nur die Stadt der hl. Hedwig. Sein eisenhaltiges Moorwasser war die Grundlage eines bescheidenen Kurbetriebs, des »Hedwigbades«. Gicht- und Rheumakranke fanden hier Linderung ihrer Leiden. Die waldreichen Höhen der Umgebung sicherten dem Ort ein mildes Klima. Auch heute gibt es hier wieder Kurmöglichkeiten für bewegungsgeschädigte Kinder und Jugendliche.

VON DEN HAMMERWÄLDERN ZUR LUGE

Nördlich von Trebnitz beginnt das Gebiet der endlos scheinenden »Hammerwälder«. Deutsch Hammer, Katholisch Hammer, Alt und Neu Hammer heißen die verstreut liegenden Orte. Seit alten Zeiten wurde hier Raseneisenerz gewonnen, gleich verhüttet und verarbeitet. Die Wälder boten Brennmaterial in Fülle. Überall rauchten die Kohlenmeiler. Es soll ja auch ein Köhler gewesen sein, der Herzog Heinrich aus dem Trebnitzer Sumpf heraushalf. Noch bis in unsere Tage gab es hier vereinzelt Männer dieser rußigen Zunft.
Kommen wir endlich aus dem Wald heraus, wandelt sich allmählich das Bild. Die langgezogenen Bauerndörfer der Ebene werden seltener. In den Ortschaften drängen sich die Häuser der »Stellenbesitzer« um Gutshof und Kirche. Von

F. G. Endler: Hochweiler (Wirschkowitz), Kr. Militisch

steiler Höhe grüßt der Turm von Wirschkowitz weit ins Land. Wer weiß noch, daß hier vor zweihundert Jahren badischer Wein gediehen ist und guten Absatz fand?
Nach dem Siebenjährigen Krieg waren die Dörfer entvölkert. Friedrich der Große war sehr darauf bedacht, neue Siedler ins Land zu holen. Das traf sich mit dem Wunsch des Grafen von Reichenbach, Herrn auf Neuschloß und Wirschkowitz. Seine Gemahlin, eine geborene Freiin von Uexküll-Durlach, sehnte sich im schlesischen Grenzland allzusehr nach den Lauten ihrer badischen Heimat. So wurden 35 Familien aus Baden in »Neu Wirschkowitz« angesiedelt. Sie brachten ihre heimischen Reben mit. Bald konnten sie jährlich an die 400 Eimer Wein ernten, berichtet eine alte Chronik. Das ging so lange gut, bis das Rheinland preußisch wurde. Nun stockte der Absatz, denn in Preußen verzichtete man fortan dankend auf »Neu Wirschkowitzer Spätlese«. Der Rebbau wurde aufgegeben, aber als Flurnamen lebten die Weinberge noch lange fort.
Von ihren Höhen schwingt die Straße in die flache Niederung der Bartsch, ins »Neiderland« (Niederland), wie es im breiten Dialekt der östlichen Ebene hieß. Wer dieses Flachland reizlos schalt, der hatte es nicht wirklich erlebt. »Es gibt überhaupt keine schönen Gegenden«, sagt der Geograph Banse, »wohl aber Gegenden von starkem Charakter, die es wert sind, daß man sich mit ihnen beschäftigt«. Nun, die Bartschniederung ist eine solche »Gegend von starkem Charakter«. Geradezu heiter kann sie sich an einem sonnigen Frühlingstag präsentieren, wenn sich der blaue Himmel mit weißen Wolkenflocken von Horizont zu Horizont spannt, wenn Wald und Wiesen im frischen Grün leuchten und dazwischen die blanken Spiegel der Teiche silbern glitzern. Doch wie düster und schwer hängen oft tagelang die Regenwolken über dem Land. Dann scheint der Himmel zum Greifen nahe, vereinen sich die Wasserströme von oben mit der Nässe der Wiesen und Weiden. Körperlich spürbar ist die Dämonie des Landes, die Horst Lange in seinem stärksten Roman »Schwarze Weide« beschworen hat. Die Natur personifiziert sich darin in den schwerblütigen Menschen und ihrer leidenschaftlichen Verstrickung. Mit dem Wasser quellen heidnische Urkräfte empor und fallen unter eine trügerische Oberfläche zurück.
Der Mensch dieses Landes weiß um die geheimnisvolle Kraft, die in den Wassern schlummert. Er glaubt, sie bezwungen zu haben in Schleusen und Wehren, in Gräben und Teichen: Hier ist das Zentrum der schlesischen Teichwirtschaft, aus der fast die Hälfte aller deutschen Weihnachts-Karpfen kam. Viel fachmännische Sorgfalt war nötig, sollte sich die Ernte lohnen. Ja, der Karpfen wird wirklich »geerntet«! Im Kreis Militsch-Trachenberg brachte diese Ernte jährlich immerhin rund 2000 Tonnen.
Im Mai, nach dem letzten Frost, beginnt das Jahr des Teichwirts. In trockengehaltenen, flachen »Streich-Teichen« steht schon das Gras. Hier soll das »Hochzeitsbett« der Karpfen sein. Aus sonnig gelegenen »Vorwärmern« fließt das Wasser ein, bis die Gräser gerade bedeckt sind. Wochen zuvor waren die »Hochzeiter« aus den Winterteichen nach

Männchen (»Milchenern«) und Weibchen (»Rogenern«) getrennt worden. Jetzt prüft sie der Teichwirt einzeln auf großen Sortiertischen. Ungeeignete Tiere haben keine Chance. Sie wandern in die »Streckteiche«, wo sie ihrem gewissen Schicksal entgegenwachsen dürfen.
Die Zuchtfische aber werden sorgsam einzeln in ihr Hochzeits-Teichel gesetzt, acht bis zehn Männchen auf sechs Weibchen. Da wird es bald lebhaft. Die Fische schwimmen in Kolonnen umher und schließen Bekanntschaft, sie »ziehen«. Der Züchter ist zufrieden. Am nächsten Morgen ist er schon bei Sonnenaufgang auf dem Posten. Lassen wir ihn erzählen: »Aha! In zwei Teichen spritzt das Wasser schon hoch hinauf, sie ›streichen‹! Schnell und heftig ziehen die Milchener hinter den Rogenern, die auf der weichen Rasensohle den Rogen, Tausende von Eierchen, herausdrücken, die die Männchen mit ihrer Milch, sie mit lauten Schwanzflossenschlägen auseinanderschlagend, befruchten. Mit Blitzesschnelle fliegen die Eier an die Grashalme und Blumenstengel, wo sie wie angenagelt hängen bleiben. Kein Windstoß kann sie mehr herunterreißen.«
Am Abend wird der Teich »heruntergelassen«, die Elterntiere in die »Abwachsteiche« umgesetzt. Frisches Wasser strömt nach in den »Streich-Teich«, wo nach einer Woche die junge Brut schlüpft. Sie findet im warmen Wasser gleich reiche Nahrung: Wasserflöhe, Hüpferlinge und anderes Kleingetier ist in der kurzen Woche herangewachsen und wird in wenigen Tagen restlos weggeputzt, so daß die Fischbrut in größere Teiche umgesetzt werden muß. 30000–50000 Fischlein auf den Morgen! Das gibt leichte Beute für Reiher, Storch, Fischotter und anderes »Raubzeug«, dem der Teichwirt spinnefeind ist.
Der Naturfreund aber freut sich. Hier war die Welt noch in Ordnung, und sie scheint es auch heute noch zu sein. Ornithologen nannten die Bartschniederung in einem Atemzug mit den berühmten Vogelschutzgebieten von Rossitten, Hiddensee und Helgoland. Sie zählten hier mehr als 170 Vogelarten. Taucher, Wildgänse, Reiher und Störche waren selbstverständlich, aber auch See- und Fischadler, Kormoran, Milan und Schwarzer Storch bauten ihre Nester.
Das Zentrum dieser Urlandschaft ist die Trachenberger Luge. Das Wort kommt aus dem Polnischen und bedeutet soviel wie Sumpf oder Moor. Es wird mit ganz weichem g gesprochen, etwa wie in Page. Wald, Sumpf und Wasser sind hier zu einer Traumlandschaft verwoben, wie sie allenfalls noch im Spreewald zu finden ist. Gewaltige Eichen, krumme Kiefern stehen im bunten Wechsel mit lichten Erlen. Dazwischen gluckst braunes Wasser, ziehen leise die Fließe. Die kapitalsten Hirsche, Damwild und Wildschweine, Fasane und Bleßhühner waren vor jeglichen Nachstellungen sicher, solange nicht strenger Frost das Moor passierbar machte. Zwar hat auch hier der Mensch versucht, »Ordnung« zu schaffen mit Wegebau und planmäßiger Forstwirtschaft, doch hat er glücklicherweise die Wildnis nicht beseitigen können. Auch heute ist das Land noch nicht für den »motorisierten Natur-

Stroppen, Kr. Trebnitz

freund erschlossen«. Wer Geduld und Zeit mitbringt, kann noch immer einmalige Naturbeobachtungen machen.
Entlang der polnischen Grenze liegen wie Perlen auf einer Schnur die Schlösser und Feudalsitze: von Groß Wartenberg, Festenberg, Goschütz über Militsch, Sulau, Trachenberg bis Herrnstadt. Die Kraft der Liegnitzer Herzöge reichte nicht, das Land bis hier herauf zusammenzuhalten. Es zerfaserte in kleinste Territorien, deren Standesherren sich repräsentative Wohnsitze schufen. Vornehme Herrenhäuser wechselten mit großartigen, weitläufigen Anlagen; heute stehen verfallene Ruinen neben beispielhaft gepflegten Schmuckstücken.
In Groß Wartenberg hatte das ausgedehnte Schloß im Tudor-Stil des 19. Jahrhunderts die Kämpfe bei Kriegsende heil überstanden, aber heute ist nichts mehr von ihm zu sehen. Marodeure zündeten es an, die letzten Reste wurden später beseitigt. Einsame Statuen aus Stein und Bronze (Abbildung Seite 95) bezeichnen seinen Ort.
Goschütz zählte zu den schönsten Schloßbauten Schlesiens. Nach einem Brand seiner alten Residenz ließ es Graf Reichenbach bald nach dem Zweiten Schlesischen Krieg neu erbauen. Nicht mehr Wiens Adelspaläste, sondern Potsdam und Sanssouci dienten als Vorbild (Abbildung Seite 94). Nur wenige erhaltene Reste geben heute eine Vorstellung vom Reichtum und der Üppigkeit seiner Zeit.

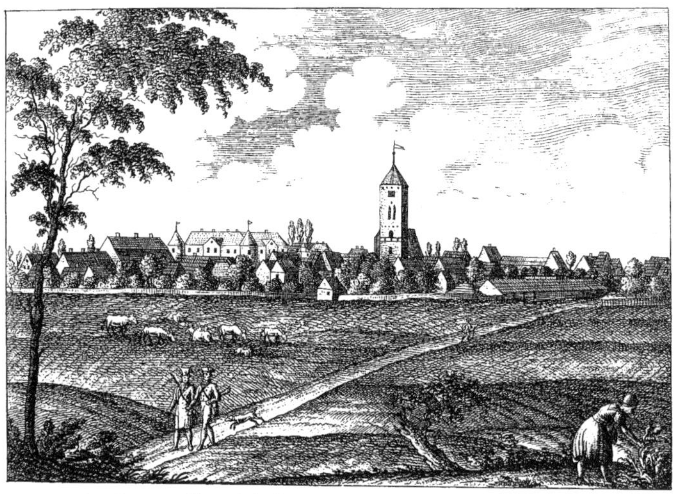

F. G. Endler: Tschirnau, Kr. Neumarkt (1819)

Welch ein Gegensatz zu Militsch, wo das Haus der Grafen von Maltzan noch immer ein köstliches Kleinod am Rande des Städtchens ist. Nur 50 Jahre nach Goschütz ist es erbaut, aber die spielerische Leichtigkeit des Rokoko ist verflogen. Nobel und zurückhaltend repräsentiert die Zeit des Klassizismus mit wenigen dezenten Dekorationen. Der niedrige langgestreckte Bau zieht sich in einen weitläufigen Naturpark zurück. Noch heute bereitet die Harmonie von Schloß und Park Freude. Man merkt, daß der gegenwärtige Schloßherr, eine Forstakademie, seinen fachlichen Ehrgeiz in die Pflege dieses schönen Ensembles setzt.
Auf dem Wege nach Trachenberg ist das dörfliche Sulau schnell durchquert. Man muß aufpassen, daß man nicht achtlos am Schloß vorüberfährt. Auch hier ein anerkennenswert gepflegter Bau, aber ganz »österreichisch«. Hinter hohen Bäumen erhebt sich das barocke Palais mit breiter Freitreppe. Unbekümmert um Vergangenheit und Zukunft haust auf seinem Dach ein fröhlich klapperndes Storchenpaar.
Dann wieder Trachenberg: Carl Gotthard Langhans hatte erstmals hier sein Talent beweisen können, als er 1762 das schon hundert Jahre zuvor begonnene Schloß der Fürsten von Hatzfeldt vollenden durfte. Nichts mehr ist in dem verwilderten Park von dem langgestreckten Trakt zu sehen außer Mauerresten mit gespenstisch leeren Fensterhöhlen.
Karl von Holtei war öfter Gast im Trachenberger Schloß. Sein bekanntestes Gedicht »Suste nischt, ack heem« geht auf eine Begebenheit zurück, die sich hier abgespielt hat.
Es muß im Sommer 1845 gewesen sein. Die Kinder des Grafen Hatzfeldt wollten bei einer Spazierfahrt unbedingt über eine schmale Brücke kutschieren. Des Kutschers War-

nungen überhörten sie, und prompt kippte das Gefährt samt Insassen ins Wasser. Weil aber die Sonne so warm schien, wollten die kleinen Herrschaften dem elterlichen Donnerwetter entgehen und ihre Kleider im Freien trocknen. Doch jetzt war die Geduld des Kutschers erschöpft: »Suste nischt, ack heem«, kommandierte er kurz und bündig. Den Ausspruch fanden die Kinder so lustig, daß sie nun doch zu Hause davon berichteten. Er wurde zum geflügelten Wort, und Holtei schuf daraus die Ballade vom Hütejungen, der das gräfliche Prinzlein vorm Ertrinken rettet, von der überschäumend dankbaren Mutter ins Schloß geholt und wie ihr eigen Kind gehalten wird. Aber der Glückliche wird immer trauriger und stiller. Nichts hilft, bis »Frau Durchlauften« endlich fragt: »Was willste denn?« Da bricht es aus ihm heraus: »Heem will ihch, suste wetter nischt, ack h e e m!« Ein Wort, das zum Wahlspruch aller Schlesier geworden ist, die über dem materiellen Wohlstand die Sprache des Herzens und der Sehnsucht nicht vergessen.

DIE ODER IM NEIDERLAND

Westlich von Trachenberg zwängen flache Moränenwälle des Schlesischen Landrückens und die Posener Hochfläche das Bartschtal enger zusammen. Moor und Wiesen spielen nur noch eine untergeordnete Rolle im Landschaftsbild. Kornfelder, Kartoffel- und Rübenäcker treten wieder an den Fluß heran. Aber das Land bleibt flach. Weit und offen dehnt sich die Erde, bis der Himmel von allen Seiten auf sie niederfällt. Norddeutschland ist zu spüren, und Norddeutsches mischt sich in die Mundart, die zum »Platt« wird: »Geiste meite eiber de Auder?« (Gehst du mit über die Oder?) heißt es im »Neiderland« (Niederland), das der Gebirgsschlesier und der aus der Ackerebene nur vom Hörensagen kannten. »Das Flachland will niemand rühmen«, seufzte schon Gustav Freytag. Er wußte es, denn auch er kam von rechts der Oder,

F. G. Endler: Das alte Schloß zu Militsch

von der anderen Seite, der »Lausigelseite«, auf die man von hüben, von der »Herrenseite«, spöttisch hinübersah. Aber ein armes Land war das nicht. Korn und Weizen gediehen prächtig, und die Zuckerrübenschläge zeugten von der Fruchtbarkeit des Bodens. Großgrundbesitz überwog auch hier. Nur vereinzelt gab es Bauerndörfer zwischen den Gutsdörfern um die Dominien.

Guhrau ist das Zentrum dieses nördlichsten Zipfels von Mittelschlesien. »Diese freundliche Stadt ist weit weniger bekannt, als sie es verdient«, schreibt Franz Schroller in seiner »Schilderung des Schlesierlandes« von 1885. Auf die höchste erreichbare Bodenwelle ist die Stadt geklettert und beherrscht nun mit ihren Türmen, dem Dohlenturm, der evangelischen Kirche und mit der großartigen Doppelturmfront der Katharinenkirche (Abbildung Seite 108) weitum das Land. Aus zwei glücklichen Umständen schlug sie Kapital: Im fruchtbaren Bauernland, das weit ins Posensche hinüberreicht, ließ sich günstig Korn einkaufen, und die freie Lage war vorteilhaft für den Betrieb von Windmühlen. Getreidehandel und Müller arbeiteten Hand in Hand. Rund um die Stadt wuchs ein ganzer Wald rudernder Windmühlenarme

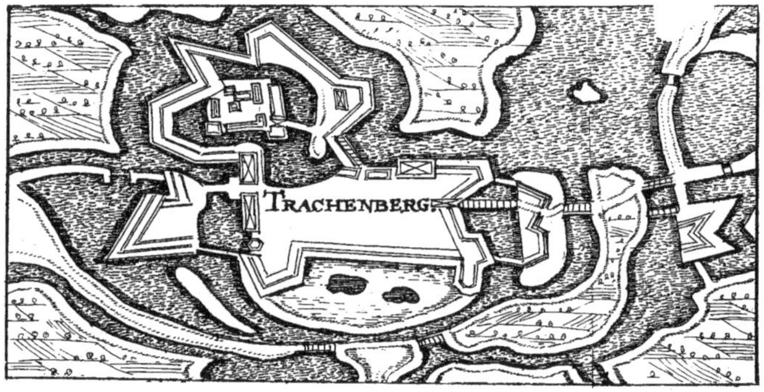

Trachenberg, Kr. Militsch, Festung

empor. Mehr als 80 Mühlen gab es um 1830. Don Quichote hätte seine Freude daran gehabt!

Auch der Gutwilligste wird zugeben müssen: Hier ist die Gegend, wo sich Fuchs und Hase gute Nacht sagen. Und doch gibt es südlich Guhraus, zur Oder hin – zwischen Wohlau und Winzig – einen Ort, der Landwirtschaftsgeschichte gemacht hat: Kunern! Franz Carl Achard, ein gebürtiger Berliner, hat hier »die Zuckerrübe erfunden«. Als Direktor der Physikalischen Abteilung der Berliner Akademie war er auf den Zuckergehalt der Runkelrübe aufmerksam geworden. Nachdem er in Kaulsdorf bei Berlin zunächst vergeblich versucht hatte, Rüben mit höherem Zuckergehalt zu züchten, konnte er 1799 das Gut Kunern erwerben. Dort war ihm Erfolg beschieden. 1802 richtete er die erste Rübenzuckerfabrik der Welt ein. Zwar gab es noch manchen Rückschlag. Achard starb. Doch dann trat der Rübenzucker seinen Siegeszug an. Für den Landschaftsästheten kein Grund zur Freude: Einförmige Rübenplantagen verdrängten die goldenen Kornfelder, und die neuen Zuckerfabriken waren erst recht keine Zierde des Landes. Achards Fabrik und sein Herrenhaus haben die »Befreiung« 1945 nicht überlebt, aber seit einigen Jahren erklärt ein polnischer Gedenkstein die Vergangenheit der Ruinen.

Von Kunern ist es nur ein Sprung hinüber zur Oder und zur Brückenstadt Steinau, die in ihrer Geschichte immer wieder von durchziehenden Heeren verwüstet und gebrandschatzt worden ist. Auch 1945 war der Oderübergang heiß umkämpft. Die Stadt wurde zum Ruinenfeld und ist auch heute noch in traurigem Zustand. Dabei ist sie am Anfang des 14. Jahrhunderts sogar einmal Residenz eines kleinen Teil-Herzogtums gewesen! Sie soll berühmt gewesen sein wegen des vorzüglichen Biers, das man angeblich dort zu brauen verstand. Deshalb erzählen wir jetzt die schon versprochene Bier-Geschichte vom Steinauer Herzog Konrad.

Er war ein »bucklicht Männlein«, doch offenbar ein liebenswerter Mensch. Seine Mißgestalt hatte ihm den schlesischen Spottnamen »Köberlein« eingetragen. Dem Biere war er über die Maßen zugetan, aber das hinderte nicht daran, ihn zum Dompropst in Breslau zu machen. Ja, er soll von so herausragender Frömmigkeit gewesen sein, daß ihn die Salzburger zu ihrem Erzbischof erkoren. (Vorsicht, hier verlassen wir den historisch gesicherten Teil der Geschichte!) Sogleich trat Herzog Köberlein die weite Reise mit großem Gefolge an,

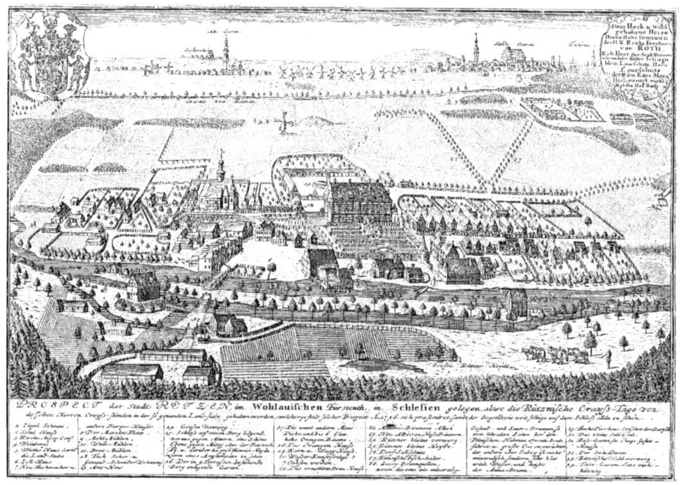

Rützen, Kr. Guhrau

nicht ohne sich mit einem stattlichen Fuder heimischen Bieres versehen zu haben, teils als Wegzehrung, teils als »Mittebringe« gedacht. Doch mit der Länge des Weges stieg der Durst und sank der Pegel in den Fässern. Schon in Wien klang es hohl aus ihnen, kein Tröpfchen wollte sich mehr zeigen. Trost boten die Wiener wegen des Verlusts der Morgengabe. In Salzburg, so sagten sie, sei Bier ohnehin verpönt, man liebe die Weine der Wachau!

»Bier verpönt?« Das hatte man ihm verheimlicht! Köberlein verstand die Welt nicht mehr. »Bier verpönt!« Auf dem Absatz machte er kehrt, lenkte sein Roß wiederum Schlesien und dem bekömmlichen Biere zu. Mochten die Salzburger sehen, wie sie zu einem weintrinkenden Erzbischof kamen!

Von Steinau hinauf nach Leubus sollte man zu Schiff reisen können. Versuchen wir es wenigstens einmal in Gedanken. Wald begleitet den Strom zu beiden Seiten in dichten grünen Mauern. Eichen sind es hauptsächlich; jahrhundertealte Riesen mit zerzausten Wipfeln darunter, auch Buchen, Erlen, Pappeln, alles, was den nassen, schweren Boden schätzt.

F. G. Endler: Guhrau (1819)

F. G. Endler: Winzig, Kr. Wohlau (1819)

Unterholz von Haselnüssen, Weißdorn, wildem Hopfen; hin und wieder ein krummer Altlauf, mit breitem Schilfsaum im Grünen verdämmernd. Tritt der Wald zurück, weidet schwarzgeflecktes Vieh auf den Wiesen, Störche staksen bedächtig durch Tümpel am Waldessaum.

Heute stört selten ein Lastkahn die Stille. Für die Schiffahrt war die Oder schon immer ein Strom voller Probleme. Eisgang im Winter, Wassermangel im Sommer, Hochwasser im Frühjahr und Herbst ließen ungestörten Verkehr nicht zu. Bis zum Zweiten Weltkrieg hatten Staustufen von Cosel bis unterhalb Breslaus und große Staubecken an den Nebenflüssen die Wasserführung soweit regulieren können, daß die Oderschiffahrt nicht mehr weit hinter dem Verkehr der Elbe zurückstand.

Danach stellte die polnische Verwaltung schon bald großartige Pläne auf. Die Oder sollte Teil eines großen Ost-West-Wasserweges vom Schwarzen Meer zur Ostsee werden und mit Weichsel und Warthe einen polnischen Wasserstraßen-Ring bilden. Diese Träume sind längst verflogen. Der Strom

F. G. Endler: Köben, Kr. Wohlau (1819)

versandet mehr und mehr. Als »Polens schmutzigster Fluß« hat er nun traurigen Ruhm hinzugewonnen. Verlassen wir ihn, wo die barocke Haube der Valentinskirche links über dem Stromknie droben auf dem Leubuser Weinberg sichtbar wird.

Der Friedhof ist eine wunderschöne, einsame und stille Schaukanzel. Weit geht der Blick über Strom und Wald hinweg in die fruchtbare Ebene. Als die Luftverschmutzung noch kein Problem war, sah man fern den Zobten stehen, und an klaren Tagen zog der Sudetenkamm seine zarte Linie in den Dunst. Wie ein Gottesgarten liegt Schlesien, das schöne, das geschundene Land zu unseren Füßen. Mitten darin, zum Greifen nah, herrschend über der Oder, das Kloster: Leubus, das in die Erde gesenkte Korn, das tausendfache Frucht getragen hat.

Hierher, in die Einsamkeit der Wälder am Strom, berief Herzog Boleslaus 1175 die ersten Zisterziensermönche aus Deutschland, um das Land zu erschließen. Kaum sieben Jahrzehnte später hatten sie an die siebzig Dörfer neu ausgesetzt, die Tochterklöster Heinrichau und Kamenz gegründet. Sie zeigten den Einheimischen, wie man Mühlen baut, Fischteiche anlegt, Brauereien betreibt. Sie lehrten Garten- und Ackerbau nach ertragreicheren Methoden und begannen damit, Weinberge anzulegen.

Leubus wurde die Keimzelle des neuen, deutsch besiedelten Schlesien und war schließlich das reichste und mächtigste Kloster des Landes, der Abt gefürstet, sein Haus ein Schloß, wie es keiner der Fürsten im Umkreis besaß (Abbildung Seite 115). Welch triumphierende Pracht entfaltete hier die Kirche in den hundert Jahren zwischen Dreißigjährigem Krieg und dem Einmarsch Friedrichs! Der Fürstensaal, die Bibliothek, die Refektorien: Festsäle von strahlendem Glanz. Jubelndes Barock in der Kirche. Ihr Glanzstück, das Chorgestühl: ein Engelskonzert, mit Posaunen und Schalmeien das Lob der himmlischen Heerscharen verkündend. Doch in all dem köstlichen Jubilieren die Todesgewißheit, jäh ans Herz greifend in dem Vesperbild der Gottesmutter mit dem gemarterten, blutüberströmten Körper des Heilands auf den Knien. Wie ist dieses Haus doch Sinnbild des in der Erinnerung so strahlenden, heute so entstellten Landes! Leer und geschändet die Kirche; ausgestorben die weiten Gänge und Zimmerfluchten; das Mauerwerk bröckelnd; der ganze Konventflügel von stählernen Klammern notdürftig vor dem Auseinanderfallen bewahrt. Leubus, »zum Denkmal der Ausweglosigkeit der Lage Schlesiens geworden, verlassen und gedemütigt« (Wolfgang Braunfels).

Wir können nicht von Leubus sprechen, ohne des genialsten Malers zu gedenken, den Schlesien besessen hat: Michael Willmann. In Königsberg war er 1630 geboren, hatte in den Niederlanden die Bilderwelt Rembrandts, van Dycks und Rubens' studiert. Über Prag kam er an den Hof des Großen Kurfürsten. Aber bald ging er nach Leubus und blieb dort bis zu seinem Tode. Das fürstliche Kloster in den schlesischen Wäldern hatte ihm lukrativere Aufträge zu bieten als der sparsame brandenburgische Hof! In Leubus wirkte er 46

Jahre lang und hinterließ ein Lebenswerk, das an Umfang seinesgleichen sucht. Weil Willmanns Bilder nicht in die Weltmuseen kamen, blieb er außerhalb Schlesiens fast unbekannt und war doch einer der ganz großen Künstler Deutschlands. »Das Genie des Jahrhunderts« nennt ihn Wolfgang Braunfels. Neben dem Josephszyklus in Grüssau ist die Folge der zwölf Apostelmartyrien für die Leubuser Klosterkirche sein Hauptwerk. In seinen Bildern flackern noch die Schrekken des Dreißigjährigen Krieges und lebt die Mystik Jakob Böhmes und des Angelus Silesius.

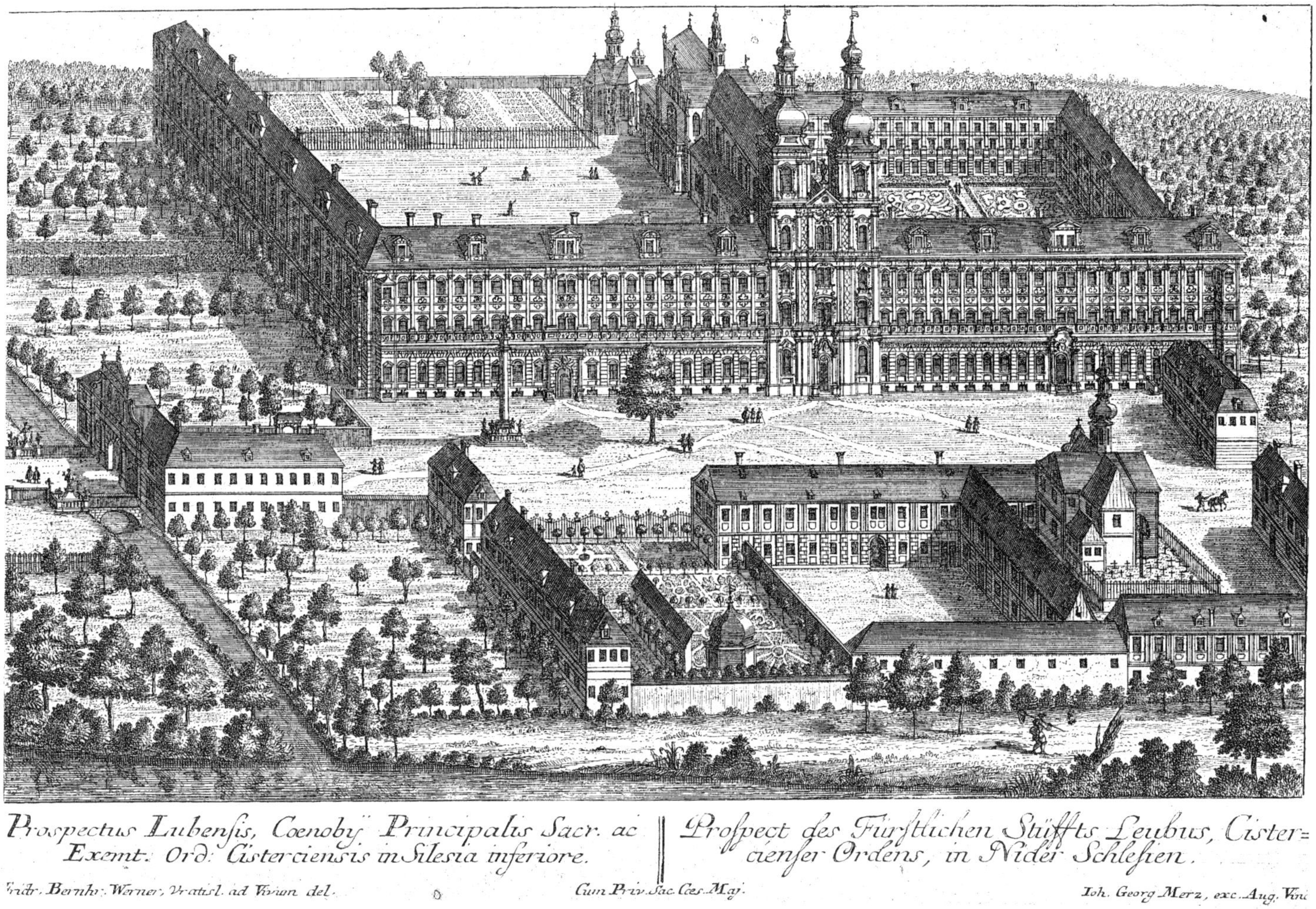

F. B. Werner: Kloster Leubus, Kr. Wohlau

HOHE STRASSE – KOHLENSTRASSE: NEUMARKT UND STRIEGAU

Jenseits der Oder verläuft im gleichen Schritt mit ihr die Hohe Straße. Seit Jahrhunderten zogen auf ihr die Planwagen der Kaufleute nach Osten und wieder zurück nach Leipzig oder ins Rheinland. Zwischen Liegnitz und Breslau, von beiden Städten je eine Tagesreise entfernt, liegt Neumarkt. Entgegen dem Namen ist es einer der ältesten Marktorte Schlesiens aus slawischer Zeit: Środa, der Mittwochsmarkt. Herzog Heinrich I. gründete es zu Beginn seiner Regierungszeit »neu« als deutsche Stadt. Im Stadtplan fehlt der in Schlesien typische, fast quadratische Ring. Der Markt ist langgestreckt und schmal, kaum mehr als eine Straßenverbreiterung. Die Straße ist Neumarkt zum Schicksal geworden, im Guten wie im Bösen. Leben und Verdienst gab sie im Frieden, in Kriegszeiten brachte sie Tod und Plünderung. Die Sage von der Tatarenkaiserin erzählt von der Verführung durch die Straße und von ihrem Fluch.

F. B. Werner: Rackschütz, Kr. Neumarkt

Einst, so weiß es die Überlieferung, habe eine Fürstin aus dem Tatarenreich mit ihrem Gefolge in Neumarkt übernachtet. Der Wirt bemerkte, welch reichen Schmuck sie bei sich hatte. Die Habgier ließ ihm keine Ruhe. Zusammen mit den Nachbarn überfiel er des Nachts die ganze Reisegesellschaft. Alle wurden erschlagen, ihre Schätze geteilt, die Leichen im Keller vergraben. Die Kunde von der Untat drang bis zum Vater der Ermordeten. Der rüstete ein Heer aus, zog mit ihm nach Schlesien und kehrte erst zurück, nachdem er am ganzen Lande Rache genommen hatte.

So spiegelt sich in der Überlieferung der Zug der Mongolen und ihr unerklärliches Zurückweichen nach ihrem Sieg bei Wahlstatt, das gar nicht weit von Neumarkt liegt. Noch einen anderen Beleg gibt es für den historischen Hintergrund der Sage. Die »Jahrbücher« von Halitsch verzeichnen im 13. Jahrhundert die Flucht einer russischen Fürstin aus Kiew vor den Tataren. Sie soll bis zur »Stadt Sereda« in Schlesien (Środa = Neumarkt!) gekommen, aber dort mit ihren Begleitern erschlagen worden sein.

Wir täten den Neumarktern Unrecht, wollten wir nur von Raub und Wegelagerei erzählen. Der Name ihrer Stadt hatte im Mittelalter einen so guten Klang, daß sich Kaiser Karls IV. Hofkanzler »Johann von Neumarkt« nannte, obwohl er im böhmischen Hohenmauth geboren war und sich vermutlich niemals länger in Neumarkt aufgehalten hat. Doch davon später.

Als Herzog Heinrich I. dem alten slawischen Mittwochsmarkt die Freiheiten deutschen Stadtrechts gewährte, geschah das nach dem Muster des Rechts von Halle. Dorthin gab es enge Beziehungen, denn in Neumarkt blühte der Salzhandel. Dieser Halle-Neumarkter Rechtscodex ist für die Welle deutscher Stadtgründungen im Osten so wichtig geworden wie das Magdeburger Recht. Mehr als 500 Städte und Dörfer übernahmen »Neumarkter Recht« in Groß- und Kleinpolen bis hinunter in die Ukraine und an den Oberlauf des Dnjestr. So genoß das Neumarkter Recht hohes Ansehen

in den Kanzleien des Reiches. Ein Jurist, der von dort kam, durfte besonderer Aufmerksamkeit sicher sein.
Das nutzte Johann von Hohenmauth für seine Karriere aus. Er hatte die Schule der Johanniter in Glatz besucht, war als Schützling des Herzogs von Münsterberg Kanoniker in Breslau geworden und hatte die Neumarkter Pfarrei als Pfründe erhalten. Amtspflichten waren damit kaum verbunden. Es ist eher unwahrscheinlich, daß er sich mehr als flüchtig in Neumarkt aufgehalten hat. Aber von nun an nannte er sich »Johannes Novoforensis«. Karl IV. wurde auf ihn aufmerksam, zog ihn an seinen Hof und machte ihn bald zum Vorsteher seiner Kanzlei. Im Gefolge des Kaisers zog er nach Italien, traf mit Petrarca zusammen und wurde danach zum ersten Wegbereiter des Humanismus nördlich der Alpen. Feines Sprachgefühl zeichnete ihn aus. Er verfaßte eine Sammlung amtlicher Musterbriefe, an der sich die Notare im ganzen Reich orientierten. Lange vor Luther wurde er zum Wegbereiter der deutschen Schriftsprache, und Neumarkt wiederum gewann durch seinen kleinen Etikettenschwindel erneutes Ansehen.
Ein kleines Stück westlich von Neumarkt gelangt man an eine Straßenkreuzung. Die hier von Nord nach Süd verlaufende Querstraße ist auf manchen Karten noch als »Kohlenstraße« bezeichnet. Sie beginnt im Waldenburger Bergrevier und läuft schmal und kurvenreich durchs Hügelland hinunter zum Oderhafen Maltsch. 1780–1790 hat sie Schlesiens Oberberghauptmann Friedrich Wilhelm von Reden bauen lassen, um der Waldenburger Kohle einen günstigen Transportweg auf der Oder zu öffnen.
Aus dem Jahre 1839 gibt es eine »Verkehrszählung«, die allerdings den Lastverkehr unberücksichtigt läßt. Man zählte damals auf der Kohlenstraße 21585 Gespanne, die 70000 Personen befördert haben. Es ist gewiß nicht zu hoch gegriffen, den Güterverkehr mit der doppelten bis dreifachen Anzahl von Fahrzeugen anzusetzen. Daraus ergibt sich eine Frequenz von 200 Fuhren pro Tag.
Schon vor Eröffnung der Kohlenstraße hatten gewitzte Kaufleute aus Schweidnitz und Glatz das Dörfchen Maltsch, bei dem die schiffbare Oder den Bergen am nächsten kommt, für eine »Winkelniederlage« genutzt, wo sich die Niederlagsrechte der Städte Breslau und Frankfurt/Oder umgehen ließen. Bis 1945 blieb Maltsch wichtigster Umschlagplatz für die niederschlesische Kohle auf dem Wege nach Berlin und Mitteldeutschland. Heute geht sie andere Wege, von den alten Hafenanlagen blieb kaum eine Spur.
Folgen wir der Kohlenstraße nach Süden, tauchen bald die ersten Vorboten des Gebirges auf.

»Een Striezel und zwee Quärge,
doas sein de Strieger Bärge!«

Viel Spott mußten sich die Striegauer ob ihrer »Berge« gefallen lassen, denn sehr beeindruckend sind sie wirklich nicht. Es sind Vulkanschlote aus eisenhartem Gestein, Granit und Basalt, die nach Verwitterung ihrer weicheren Mäntel über das Umland ragen. Nicht ihre Höhe, aber ihre inneren Qualitäten sind wichtig geworden für die Stadt.
In den Basaltspalten des Breiten Berges fand um die Mitte des 16. Jahrhunderts der Striegauer Sohn eines Barbiers, Johannes Schulz, genannt Montanus, nachmaliger Leibarzt Kaiser Rudolfs II., bräunliche Tonerde. Es handelte sich um Heilerde, die schon im Altertum auf den griechischen Inseln Lemnos und Samos als »Bolus« gewonnen wurde. Handlich verpackt und mit den Siegeln ihrer Fundorte versehen, ging sie damals als »terra sigillata« in alle Welt. Nun siegelten auch die Striegauer ihren »Bol« mit dem Stadtwappen und machten bald ein so glänzendes Geschäft, daß sich die Nachbarstädte Liegnitz, Jauer und Goldberg nicht scheuten, mit Fälschungen auf den Markt zu kommen, bis das kaiserliche Hofamt in Wien gegen den »unlauteren Wettbewerb« einschritt.
»Wider die Pestilentz präservieret die terra sigillata kräftiglich«, so hieß es. Tatsächlich ist Striegau von der Pest, der

F. B. Werner: Neumarkt

Geißel der Zeit, wunderbarerweise fast ganz verschont geblieben. Johannes Colerus bringt in seiner »Oeconomia« Striegaus Heilerde in Verbindung mit dem dortigen Bier und rühmt es auf recht zweideutige Weise: »Strignisch ist ein trübe Bier, wie eine Leimjauche und schmecket schier wie Wein, das es auch etliche fremde Leute oft für Wein getrunken haben. Ist aber ein gesund Bier umb der terra sigillata willen, die da neben etlichen andern edlen Gesteinen reichlich gefunden wird.« Erst 1883 verschüttete ein Felssturz die Fundstelle, doch zuvor schon hatte die moderne Medizin den Glauben an die Heilkraft der Striegauer Erde und das Geschäft damit arg beeinträchtigt.
»Striezel und Quärge« boten jetzt andere Schätze. Basalt und Granit wurden in ausgedehnten Steinbrüchen abgebaut. Striegau stieg mit Strehlen zu einem Zentrum der Steingewinnung auf und versorgte halb Europa mit Pflastermaterial und Grabsteinen. Wer sich heute an abgelegenen Stellen schimpfend über bucklige Katzenköpfe quält, hat mit großer Wahr-
fend über bucklige Katzenköpfe quält, hat wahrscheinlich Striegauer oder Strehlener Pflaster unter den Rädern.
Wirklich imponierend tritt dem Reisenden im Stadtbild die mächtige Pfarrkirche Peter und Paul entgegen. »Von der Schweidnitzer Seite gewährt die Stadt einen erfreulichen Anblick und vor allem ragt die Haupt- und Pfarrkirche mit ihrem kolossalen Dache übermächtig hervor«, so schilderte es Johann Büsching anno 1813. Ähnlich herausragend treten in Schlesien wohl nur noch Chor und Turm der Kirche in Schweidnitz in Erscheinung. Das ist kein Zufall. Der gleiche Baumeister Jacob ist in Schweidnitz und Striegau an den entscheidenden Bauteilen tätig gewesen. Die Portale der Striegauer Kirche weisen den reichsten bildhauerischen Schmuck auf, den das Mittelalter in Schlesien hinterlassen hat. Die Lebensgeschichte Paulus' über dem Westportal zeigt unsere Abbildung Seite 128. Am Nordportal sind die Krönung Mariens, die Krönung Bathsebas und Esthers übereinander angeordnet, über dem Ostportal findet sich eine Marientod-Darstellung, ein in Schlesien beliebtes Motiv.
Adolf von Menzel hat den die ganze Stadt beherrschenden Kirchenbau in einer stimmungsvollen Zeichnung aus einem Garten heraus festgehalten, in dem Striegaus berühmtester Sohn aufgewachsen ist: Christian Günther. »Herrlich dichtend und unglücklich liebend«, so hat Hugo Hartung sein Leben auf eine kurze Formel zu bringen versucht. Ein halbes Jahrhundert nach dem Höhepunkt schlesischer Barockdichtung und den darauffolgenden Jahrzehnten einer in Schwulst und Ekstase erstickenden Poesie unwahrer Künstlichkeit stößt er die Fenster auf, schreit hinaus, was ihm die Brust zerreißt. Seine innere Wahrhaftigkeit ist das Neue in seiner Kunst. Er fühlt, daß er scheitern muß. Frühe Todesgewißheit steht neben ausschweifender Lebensgier. Als Zwanzigjähriger bekennt er:

»Das Grab, mein Ruhekissen,
Begräbt die Sklaverei.
Da nun der Strick zerrissen,
So wird der Vogel frei.«

und singt zur gleichen Zeit sein »Gaudeamus igitur«:

»Brüder, laßt uns lustig sein,
Weil der Frühling währet,
Und der Jugend Sonnenschein
Unser Laub verkläret.«

Wenn auch Goethe tadelnd vermerkt, »er wußte sich nicht zu zähmen und so zerrann ihm sein Leben und sein Dichten«, bleibt er doch der genialische Vorläufer des Sturm und Drang.

SCHWEIDNITZ

Von Striegau nach Schweidnitz fährt man heute auf glatter Straße kaum zehn Minuten. Die Dörfer bleiben abseits. Doch wer auf Nebenwegen hindurchkurvt, erfährt manches aus der schlesischen Geschichte. Da ist Laasan am Striegauer Wasser mit der ältesten gußeisernen Brücke Schlesiens, manche behaupten: der ältesten in Europa. Oberschlesischer Erfindergeist hat sie 1796 in Malapane gegossen. Pferdegespanne brachten die Teile in mühseliger Fahrt hierher als erste Boten des beginnenden eisernen Zeitalters. Da sind die Renaissance-Wasserschlösser in Puschkau und Groß Peterwitz, ohne jeden Prunk, kaum mehr als große Gutshäuser. Aber die Liste ihrer Besitzer liest sich wie ein schlesischer Gotha. Nacheinander saßen hier die von Nostitz, von Zedlitz, von Kalckreuth, von Seydlitz, von Reibnitz, die Grafen von Hochberg und auch ein preußischer Generalfeldmarschall Dietrich Wilhelm von Buddenbrock. Wie ein Fremdkörper liegt Saarau mit seinen häßlichen Industriebauten mitten im hügeligen Bauernland. Ahnungslos fährt man hinein und flüchtet gleich darauf mit angehaltenem Atem, denn die Ausdünstungen der offenbar ohne jeden Filter arbeitenden ehemaligen Chemiewerke »Silesia« sind wahrhaft atemberaubend.
Bald grüßen die Türme der Würbener Kirche herüber (Abbildung Seite 130). Südlich liegt die Hochfläche von Bunzelwitz, wo am Ende des Siebenjährigen Krieges Friedrich der Große für Wochen sein Feldlager aufgeschlagen hatte. »Königszelt« hieß danach der neue Eisenbahnknotenpunkt an der Stelle, wo Friedrich einige Wochen im Freien genächtigt hatte, ehe er Quartier im Bunzelwitzer Haus Nr. 11 bezog.
Wie in Breslau der Turm von St. Elisabeth, kündet in Schweidnitz der höchste Kirchturm Schlesiens von Stolz und Selbstbewußtsein einer wohlhabenden Bürgerschaft. Nach Breslau war Schweidnitz die bedeutendste Handelsstadt in Schlesien. Ihre Lage an der wichtigen Straße entlang der Berge wie auch im Zentrum fruchtbaren Ackerlandes hat ihr schon früh eine herausragende Stellung verschafft. Die Schweidnitzer Bolkonen waren die mächtigsten Fürsten Schlesiens im 14. Jahrhundert. Anna von Schweidnitz trug als einzige Schlesierin die Kaiserkrone an der Seite Karls IV.
Der Bedeutung der Stadt entspricht ihre Pfarrkirche. Den Kirchplatz schirmen mächtige Baumkronen und der vorgezogene Flügel des Jesuitenkollegs vom Treiben der Stadt ab. Imposant sind die vier reich ausgeschmückten gotischen Portale unter dem riesigen Westfenster. Liebenswerter noch ist die seitwärts gelegene »Brautpforte«. Neben Petrus und Johannes dem Täufer preisen zwei lachende Köpfe und eine Mutter mit ihrem Kind die Freuden der Ehe. Doch wer sehen will, der findet auch die zugehörige Warnung. Da reitet am Portalgewände Phyllis auf ihrem Geliebten Aristoteles und läßt ihn die Peitsche fühlen, während gegenüber Delila mit einer gewaltigen Schafschere Samson seines Haarschmuckes beraubt.
Das Innere ist eine großartige Symphonie aus Gotik und Barock. Die mystische Innerlichkeit der mittelalterlichen Kathedrale vereint sich mit der siegesgewissen »ecclesia triumphans« der Gegenreformation. Die gewaltigen Ausmaße des Mittelschiffs lassen sich nur erahnen, wenn man daran denkt, daß der Jesuitenbaumeister Johann Riedel bei

der Barockisierung im 17. Jahrhundert das Gewölbe um ein beträchtliches Stück heruntergezogen hat. Anders hätte sich der diesseitig-barocke Prunk mit der himmelstürmenden Kraft der Gotik kaum vereinbaren lassen. Riedel schuf auch die in der Dunkelheit des Schiffes weiß aufblitzenden Heiligenfiguren vor den Pfeilern, die geschickt hinlenken zu seinem monumentalen Hochaltar. Ein Rundgang führt uns zur Taufkapelle im Nordschiff mit einem Taufstein (um 1586) aus der evangelischen Zeit der Kirche, zur Hedwigskapelle und zur Kanzel, ebenfalls von Johann Riedel. Ein besonderes Kabinettstück vollendeter Gotik ist der mit Fialen, Wimpergen und anderem Zierat reich besetzte Bürgerchor. Eine doppelläufige Treppe führt auf die Empore mit dem großartigen Marientod-Altar aus der Werkstatt von Veit Stoß.

Ihre größte Sehenswürdigkeit aber besitzt die Stadt in der evangelischen Friedenskirche Zur Heiligen Dreifaltigkeit. In ihrer Art ist sie einmalig auf dem ganzen europäischen Kontinent. Zunächst muß man wissen, daß ihr Name nichts

F. B. Werner: Peterwitz, Kr. Schweidnitz

mit neuzeitlichen Friedensbewegungen zu tun hat. Er geht auf den Friedensschluß am Ende des Dreißigjährigen Krieges zurück. Die Reformation hatte schon sehr frühzeitig in Schlesien Fuß gefaßt. Zu Beginn des großen Krieges war fast das ganze Land lutherisch gesinnt, in allen Kirchen wurde evangelisch gepredigt. Das war lange Zeit geduldet worden. Erst mit den kriegerischen Auseinandersetzungen begann auch die gewaltsame Unterdrückung des neuen Glaubens. Während in den Herzogtümern Liegnitz, Wohlau und Brieg die protestantischen Piasten ihre Untertanen vor Glaubensverfolgungen schützen konnten, hatten die Habsburger in ihren Erblanden freie Hand, alle Abtrünnigen mit Gewalt in den Schoß der katholischen Kirche zurückzuführen.

Zu den Erblanden gehörten die Herzogtümer Schweidnitz, Jauer und Glogau. Hier bestätigte der Westfälische Frieden dem Kaiser das Recht, alle inzwischen protestantisch gewordenen Kirchen wieder dem katholischen Glauben zuzuführen. Nur mit Mühe war ihm das Zugeständnis abzuringen gewesen, in diesen drei Herzogtümern wenigstens je eine evangelische Kirche einzurichten. Die drei »Friedenskirchen« in Glogau, Jauer und Schweidnitz durften nur außerhalb der Stadtmauern, ohne Turm und nur aus Lehm und Holz errichtet werden. Offensichtlich stand dahinter die Erwartung, diese Bauten würden kein langes Leben haben. Tatsächlich hat sich diese Hoffnung in Glogau erfüllt. Hier war man am schnellsten mit dem Neubau fertig geworden. Aber schon zwei Jahre nach der Einweihung hatte ein Sturmwind das Kirchlein einfach über den Haufen geweht. In Jauer ließ man sich das zur Warnung gereichen und verpflichtete den Breslauer Festungsbaumeister Albrecht von Saebisch. Nach seinen Plänen errichteten einheimische Zimmerleute einen soliden geräumigen Bau, der die Jahrhunderte bis heute überstanden hat. In Schweidnitz dauerte es noch etwas länger, bis man mit dem Bau beginnen konnte. Aber nun nutzte man die Erfahrungen von Glogau und Jauer, ließ den Plan wieder von Saebisch erstellen und die Kirche von

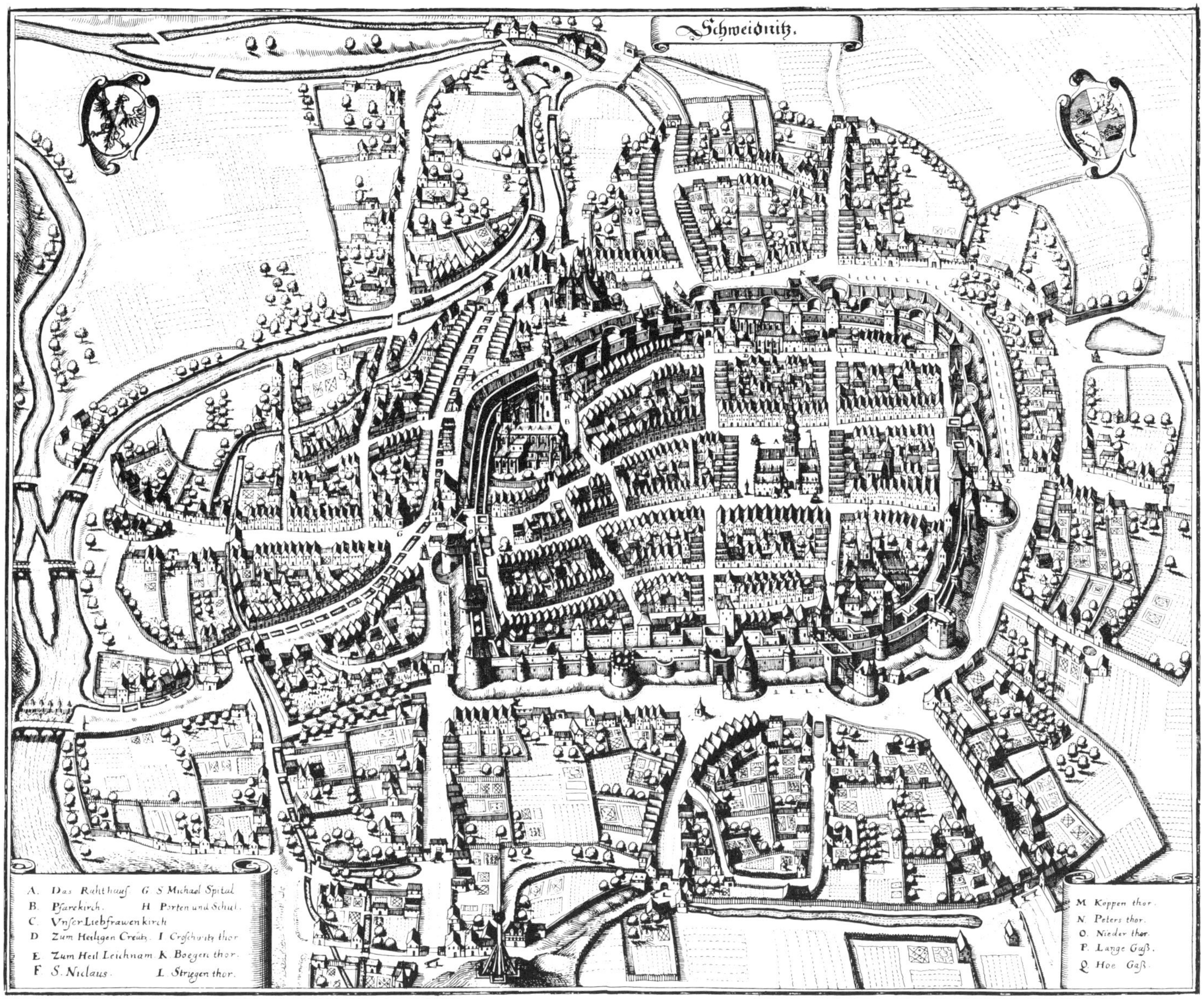

Merian: Schweidnitz (um 1650)

den einheimischen Zimmerleuten Kaspar König und Hans Zellner errichten. Der gewaltige Fachwerkbau wurde am 24.6.1657 geweiht. Auf einer Grundfläche von 1009 qm wurde mit dem Einbau zweistöckiger Emporen Platz für 7500 Besucher geschaffen. Es war schließlich die einzige evangelische Kirche im ganzen Herzogtum. Man brauchte Raum für die vielen Besucher, die oft in stundenweiten Fahrten aus allen Winkeln des Landes hier zusammenkamen. Gewiß sind in dieser Zeit auch anderswo große Saalkirchen entstanden, die nur dem Zwecke dienten, möglichst viele Besucher aufzunehmen. Einmalig ist an der Schweidnitzer Friedenskirche der Eifer, mit dem eine durchaus wohlhabende Bürgerschaft allen Beschränkungen zum Trotz ihr Gotteshaus ebenso reich und prächtig ausstatten wollte, wie es die katholische Kirche mit ihren auftrumpfenden Bauten tat. Wer die Schweidnitzer Friedenskirche unvorbereitet betritt, ist überwältigt von dem Gegensatz zwischen dem dürftigen äußeren Bild und der verwirrenden Vielfalt im Innenraum. Kanzel und Altar zeugen von einem barocken Überschwang, den man sonst nur in katholischen Kirchen

F.G. Endler: Ober Weistritz, Kr. Schweidnitz

findet. Selbst die Decke, eigentlich nur ein einfacher Bretterboden, ist mit farbenprächtigen Gemälden geschmückt. Hinzu kommt die verwirrende Vielfalt der Emporen. Im Laufe der Zeit haben sich die Adelsgeschlechter der Umgebung und die kleineren Zünfte der Stadt Logen, Zwischenchöre und eigene Verschläge zwischen den beiden Hauptemporen eingebaut, häufig mit eigenen Zugängen von außen versehen. Alle diese zusätzlichen Einbauten tragen Wappenschilder und Zunftzeichen. Die Brüstungen der Hauptemporen sind durchlaufend mit Bibelsprüchen und allegorischen Darstellungen geschmückt. Auch ein Lutherbild auf der Orgelempore fehlt nicht. Wir müssen sehr froh und dankbar sein, daß dieses einmalige Baudenkmal vom evangelischen Weltlutherbund unterhalten wird und deshalb vor dem Verfall bewahrt geblieben ist.
Über den Kirchen dürfen wir die Bürgerstadt und ihr Lebenszentrum, den Ring, nicht vergessen. Obwohl der letzte Krieg kaum Spuren hinterlassen hat, muß genau hinsehen, wer heute noch etwas vom Reichtum der alten Häuser mit ihren schönen Portalen und geschwungenen Balkonen entdecken will. Nach einer Welle von Renovierungen in den 70er Jahren fällt schon wieder alles in Lethargie zurück. Der Rathausturm stürzte 1967 in sich zusammen. »Gabeljürge« und Dreifaltigkeitssäule auf der einen, der Atlasbrunnen auf der anderen Seite flankieren das Rathaus. Sein »Muzeum« bietet keine Kostbarkeiten, aber eine merkwürdige Sammlung von Kaufmannsgeräten, Waagen und Meßgefäßen bis hin zu nostalgischen Ladeneinrichtungen der Jahrhundertwende. Lohnender ist es, die freundliche Kustodin nach der ehemaligen Ratskapelle im ersten Stock zu fragen. Sie führt den Besucher gern dort hinauf, wo 1970 Fresken mit erstaunlich frischen Farben freigelegt wurden: eine Kreuzigung, Jesus und die Sünderin und ein Jüngstes Gericht.
Die Schweidnitzer waren wohlhabend, nicht nur durch ihre Handelsgeschäfte, sondern auch durch ihr Bier. Die »Schweidnitzer Keller« in den Städten umher bezeugen es.

Reichtum gibt Macht, und Macht erzeugt Härte. Eine alte Schweidnitzer Geschichte erzählt davon. Ein Ratsherr soll vor einigen hundert Jahren eine Dohle abgerichtet haben, ihm aus der Schatzkammer hoch oben im Ratsturm Goldstücke zuzutragen. Er ward entdeckt und dazu verurteilt, vom steinernen Kranz des Turmes herabzusteigen. Er kam nicht weit. Auf einem schmalen Sims blieb er sitzen, Tag um Tag, Nacht um Nacht. Vor Hunger nagte er sich das Fleisch von den Armen, bis er schließlich dort oben zu Stein erstarrte. So haben ihn Generationen, schaudernd ob der menschlichen Grausamkeit, als steinernes Bild am Turmsims sitzen sehen.

WALDENBURGER LAND: BURGEN, BÄDER UND DIE KOHLE

Aus der langen Kette der schlesischen Berge mit ihren ruhigen Waldkämmen hebt sich das Waldenburger Bergland als typische Vulkanlandschaft mit tief eingeschnittenen Waldtälern zwischen steil aufsteigenden Bergkegeln deutlich heraus. Die Grenze nach Böhmen folgt keinem Flußlauf und keinem Höhenzug. Vielfältig gewunden schlängeln sich die Wege nach Böhmen hinüber. Sie mußten gesichert und bewacht werden. So ist das Waldenburger Bergland schon früh ein Land der Burgen geworden, ehe noch der Bauer in die Täler vordrang.

Der Fürstenstein und die Kynsburg sind weitum bekannt. Doch neben ihnen gab es eine Vielzahl längst verfallener fester Häuser, die oft nur in der örtlichen Überlieferung, in einem geheimnisvollen Ortsnamen weiterlebten. Die Straßen sollten sie schützen und sind doch selbst bald zu Schlupfwinkeln für Raubritter verkommen. Herzog Bolko II. von Schweidnitz hat 1355 einen ausgedehnten Strafzug gegen sie unternommen. Das half nicht viel. Bald begann das Unwesen wieder von neuem. Erst im 15. Jahrhundert machten die städtischen Söldnertruppen aus Schweidnitz und Breslau kurzen Prozeß, räucherten die Nester endgültig aus. Ohnehin war die Zeit vorbei, da Burgen sicheren Schutz gewährten.

Wenige Trümmer blieben bis in unsere Tage erhalten von der Freudenburg und dem Hornschloß, die sich feindselig gegenüberlagen an der alten Paßstraße nach Böhmen hinüber. Als die Grenze weiter nach Süden rutschte und die Straße einen bequemeren Weg fand, wurden sie völlig bedeutungslos. Heute führt nur noch ein überwachsener Waldweg hinauf, den die Sommerfrischler gingen, um die prächtige Aussicht zu genießen, die man vom 816 m hohen Hornschloß auf das Riesengebirge hat. Ludwig Richter hat das Panorama dort oben während seiner Schlesienreise im Jahre 1838 gezeichnet.

Im Weistritztal folgen die Schutzburgen dicht aufeinander: Tannhausen und die Erlenburg, dann seitwärts, schon in den Hängen des Eulengebirges, die Falkenburg, das Laurichenschloß und endlich die Kynsburg, eine der schönsten im ganzen Lande.

Als Grenzburg gegen das feindliche Böhmen hatten sie die Herzöge von Schweidnitz gegründet. Hundert Jahre später saß Anna von Schweidnitz als Gemahlin Karls IV. auf dem böhmischen Thron; die Grenze war bedeutungslos geworden. Seither war die Burg Adelssitz und hat ihren Besitzer häufig gewechselt. Caspar von Logau, Bischof von Breslau, hat sie von 1562 bis 1574 besessen. In dieser Zeit erhielt sie ihre endgültige Gestalt. Professor Büsching, einer der ersten Erforscher schlesischer Altertümer, hat sie am Anfang des vorigen Jahrhunderts dem Verfall entrissen, spätere Besitzer haben sie aufopferungsvoll instand gehalten. Nachdem 1914 die große Schlesiertalsperre fertig geworden war, ist sie erst recht zum Touristenziel geworden. Paul Keller hat ihr in seinem Roman »Waldwinter« ein dichterisches Denkmal gesetzt.

Vom Bahnhof Kynau steigt man hinauf in einer knappen halben Stunde durch lichten Buchen- und Eichenwald zum Torhaus mit seinem prächtigen Sgraffitoschmuck. Ich bin

E. Hain: Schloß Fürstenstein, Kr. Waldenburg

diesen Weg erst kürzlich noch einmal gegangen. Es goß in Strömen. Die Bänke im Vorhof, rund um die 500jährige Linde, troffen vor Nässe. Die Burg war verschlossen, denn es wurde renoviert. Mir blieb Zeit, das schöne Renaissanceportal anzusehen mit Doppeladler und Bischofsmütze und mit den Wappen der Logau, Reibnitz, Reideburg, Seydlitz und wie die Besitzer alle geheißen haben. Dann tat sich die Tür auf. Ich wurde eingelassen, stolperte über Bauschutt und durch kahle Räume. Wo würde die Erinnerung hier noch einen Halt finden, war die bange Frage.
Mein Begleiter drehte einen Lichtschalter: Durch einen Schacht schauten wir hinab ins Burgverlies, das eine schwache Glühbirne erhellt. Noch immer hockt dort unten das erbarmungswürdige Skelett, das mir schon als Halbwüchsigem vor 50 Jahren leise Schauer über den Rücken gejagt hat. Beim Weitergehen taucht aus der Erinnerung ein Bild auf, das wohl in der Schloßkapelle hing. Darauf sah ein etwa 12jähriger schmaler Junge mit einer großen Dogge aus ernsten Augen auf den Besucher herab, während der Fremdenführer seine Geschichte herunterhaspelte: Täglich war der Sohn des Burgherren auf seinem Pony zur Schule nach Schweidnitz den steilen Karretenweg hinabgeritten. Die große Dogge begleitete ihn. Eines Tages aber blieb er länger als gewöhnlich aus. Als man nach ihm suchte, fand man das reiterlose Pferd steif wie eine Statue am steilen Felsabsturz stehen. Der Junge hing kopfüber am Abgrund, einen Fuß noch im Steigbügel. Mit ihrer Schnauze hatte die Dogge das Pony fest am Zügel gefaßt, so daß es keinen Schritt tun konnte, und den jungen Reiter vor dem Absturz bewahrt.
Was wäre auch eine solche Burg ohne ihre Sagen? Die Weiße Frau gehört unweigerlich dazu. Hier soll sie sich als Ehestifterin bewährt haben. Man erzählt, daß vor Zeiten ein großes Fest viele Tage lang auf der Kynsburg im Gange war. Der junge Ritter Bernhard von Haugwitz und die hübsche Adelheid von Schaffgotsch hatten heimlich zueinander gefunden, wagten aber nicht, ihre Liebe vor den Eltern zu offenbaren. Eines Abends war der junge Ritter in den verlassen liegenden Burghof gegangen in der Hoffnung, seine Adelheid dort zu treffen. Schon erschien im ungewissen Dämmerlicht ihre helle Gestalt. Sie setzte sich auf den Brunnenrand, winkte ihm, doch als er auf sie zueilte, stand sie plötzlich auf und stürzte sich in die Tiefe.
Voller Entsetzen rief Bernhard die ahnungslose Gesellschaft zu Hilfe. Mit ihr trat auch Adelheid selber aus der Tür. Voll Bestürzung und Verwirrung fielen sich die beiden in die Arme. Damit war ihre Zuneigung allen offenbar geworden, und die Eltern wollten nichts mehr gegen ihren Bund einwenden. Allen Anwesenden aber war klar, daß nur die Weiße Frau hier ihre Hand im Spiel gehabt haben konnte.
Den Brunnen gibt es noch. Wenn ihn jetzt Bauschutt und Unrat fast verdecken, bleibt doch die Hoffnung, die Kynsburg bald wieder in ihrer alten Schönheit vorzufinden, auch noch einmal auf den Turm steigen zu können und den Blick von dort oben auf Berge und Wälder und auf den tief unten glitzernden Spiegel des Stausees der Schlesiertalsperre zu genießen.
Ganz anders steht draußen, wo erst allmählich die Berge aus der Ebene aufzusteigen beginnen, der mächtige Fürstenstein

auf steiler Felsnase über dem Hellebach. Von Beginn an ist er mehr gewesen als die Grenzburgen im Wald. Herzog Bolko I. von Schweidnitz hat ihn um die Wende zum 14. Jahrhundert zum Stammsitz seines Hauses erkoren. Auch nach dem Aussterben der Schweidnitzer Bolkonen blieb er Sitz des Landeshauptmanns und damit politischer Mittelpunkt des Landes. So entging er dem Schicksal, das die anderen Burgen weitum zu Ruinen werden ließ. 1509 gelangte er in den Besitz der Familie Hochberg, die im Laufe der Zeit zum größten Grundbesitzer im Lande wurde. Ihr gehörten später auch die meisten Kohlengruben und das Bad Salzbrunn. Der Fürstenstein blieb ihre Residenz und wurde einer der prächtigsten Adelssitze Ostdeutschlands.

Ob vom Parkplatz oder vom prächtigen Einfahrtsportal aus: Der 275 ha große Park zwingt dem Besucher einen langen Fußmarsch auf, ehe der mächtige Schloßkomplex durch die Baumkronen schimmert. Ein Führer zeigt die vielfältig gestaffelten Terrassen mit dem »Donatello-Brunnen«. Die Blumenpracht hier war eine Augenweide, ist heute aber ein bißchen kümmerlich geraten. Wer auf der West-Terrasse an der gewaltigen Renaissance-Fassade mit den beiden Rundtürmen hinaufschaut, mag einen Hauch von Heidelberger Schloßromantik verspüren. Aber Vorsicht, die Mauern sind noch sehr jung. Erst von 1909 bis 1915 ist dieser Flügel aufgeführt worden. Der wirtschaftliche Niedergang nach dem Ersten Weltkrieg, der Verlust aller oberschlesischen Besitzungen hat den inneren Ausbau der Räume verhindert. Sie sind bis auf den heutigen Tag leer und unbenutzt geblieben.

Nachdem der letzte Besitzer des Fürstenstein kurz vor Kriegsbeginn nach England gegangen war, wurde noch in den letzten Monaten des »Dritten Reiches« ernst gemacht mit dem Plan, das Schloß zum »Gästehaus des Führers« umzugestalten. Bei diesem gespenstischen Unternehmen waren zeitweise 2000 Arbeiter beschäftigt, während die Russen sich schon anschickten, die Weichsel zu überschreiten! Der Umbau artete bald zur ersten sinnlosen Plünderung des Schlosses aus. Russen und Polen haben sie nach 1945 fortgesetzt, bis man sich eines besseren besann. Ein Teil der Prunkräume, insbesondere der Maximilianssaal, sind mit hohem Kostenaufwand renoviert worden. Dennoch bleibt der Eindruck, daß der polnische Staat dieses sinnentleerte Baudenkmal mehr und mehr als Last empfindet.

Wildromantisch ist der Weg in der engen Schlucht des Hellebachs um den Fürstensteiner Felskegel herum. Zum Schluß führt er hinauf zur »Alten Burg«, die aber gar nicht alt, sondern eine kuriose Schöpfung des zu Ende gehenden 18. Jahrhunderts ist: eine künstlich angelegte Ruine mit Zugbrücke, Rittersaal, Rüstkammer und sogar einem Verlies, in dem aber kein Bösewicht jemals schmachten mußte.

Wer am Hellebach hinauf weiterwandert, erreicht bald Bad Salzbrunn, den bekanntesten Kurort im Waldenburger Land und eines der größten schlesischen Bäder. Es mag seltsam anmuten, ein solches Heilbad in unmittelbarer Nachbarschaft des industriereichen Waldenburger Kohlenbeckens mit seinen rauchenden Schloten zu finden. Ein wenig gewaltsam muß man sich in Erinnerung rufen, daß heilkräftiges

F.A. Tittel (nach Vogt): Freiburg in Schlesien

Wasser hier schon vor vielen hundert Jahren genutzt wurde, lange bevor man überhaupt daran dachte, daß diese unansehnlichen schwarzen Steine, die Kohle, zu irgendetwas taugen könnten.
Die älteste Heilquelle sprudelte mitten in Waldenburg, das damals allerdings nur ein bescheidenes Dörfchen gewesen ist. Unter dem Altar des alten Kirchleins Zur Schmerzhaften Muttergottes soll der Brunnenschacht noch heute zu finden sein. Der Bergbau hat das Wasser längst versiegen lassen. Nicht weit davon, in Altwasser – der Name sagt es schon – gab es ebenfalls seit frühester Zeit heilkräftige Quellen. Ja, Altwasser ist sogar am Beginn des vorigen Jahrhunderts eines der ganz großen schlesischen Bäder gewesen! Auch hier hat der Bergbau die alten Quellen verschüttet.
Dagegen ist Bad Charlottenbrunn eine noch ganz junge Gründung. Erst die Kunde von einem besonders wohlschmeckenden Quell, dem »Tannhauser Sauerborn«, hat am Ende des 18. Jahrhunderts den bescheidenen Kurort, versteckt in den Wäldern, entstehen lassen. Der Philosoph Christian Garve zog sich in seinen letzten Lebensjahren hierher zurück und ist auch in Bad Charlottenbrunn begraben. Mehr als die Heilkraft der Quellen sind es wohl die ausgedehnten Waldungen und die frische Bergluft, die Bad Charlottenbrunn zum Kurort werden ließen.

C.T. Mattis: Bad Charlottenbrunn, Kr. Waldenburg

Wasser und Wald haben auch Görbersdorf zu seinem guten Namen in der Lungenheilkunde verholfen. Dort hatte eine resolute Dame, Maria von Colomb, im vorigen Jahrhundert eine »Kaltwasserheilanstalt« nach Prießnitz' Vorbild ins Leben gerufen. Ihrem zukünftigen Schwager, dem Arzt Hermann Brehmer, fiel bei einem Besuch auf, daß die Dorfbewohner gesünder waren als in den Dörfern sonst, obwohl ihre Lebensbedingungen durchaus nicht besser waren. Er schrieb dem Klima heilkräftige Wirkung zu und setzte sich mit der damals unglaublich klingenden Behauptung, die Lungentuberkulose sei heilbar, in Gegensatz zur gesamten ärztlichen Wissenschaft. Aber sein erstes Lungensanatorium, 1861 in Görbersdorf eröffnet, hatte rasch Erfolge vorzuweisen. Brehmers Heilmethoden mit wohldosierten Anwendungen von Wasser und Luft, mit verordneten Spaziergängen und Liegekuren wurden bahnbrechend für die moderne Tuberkulosetherapie. Das so viel bekanntere Davos ist erst einige Jahre nach Brehmers Beginn in Görbersdorf und nach seinem Vorbild gegründet worden. Brehmers Assistenzarzt Dr. Unger war daran führend beteiligt. Wer aber weiß heute noch, daß ein so bescheidenes, abgelegenes schlesisches Bergdorf das Muster für die berühmtesten Lungenheilstätten der Welt abgegeben hat?
Noch einmal zurück nach Salzbrunn, um dessen Heilquelle es schon im 14. Jahrhundert ein Aussätzigenspital gegeben hat. Der Brunnen geriet in Vergessenheit, bis nach 1815 ein energischer Arzt, Dr. August Zemplin, einen Kurbetrieb in Gang brachte. Nur 70 Jahre später hatte Salzbrunn alle anderen schlesischen Bäder hinter sich gelassen, zählte gekrönte Häupter zu seinen Gästen.

Kommt man heute aus dem kohlegeschwärzten, entsetzlich verwahrlosten Waldenburg hinauf ins Salzbrunner Kurviertel, ist der Wandel geradezu verblüffend. Zwar bleiben die schwarzen Wolken aus den Kaminen der Industrie am Horizont gegenwärtig, aber hier umfängt den Spaziergänger frische Waldluft. Die Kuranlagen sind gepflegt und freundlich. Es gibt farbenfrohe Blumenrabatten. Bequeme Wege führen hinauf zur ehemaligen Wilhelmshöhe. Im Park stehen sehenswerte Exemplare exotischer Bäume, fein säuberlich mit Namensschildchen versehen.
Drunten an der Ecke der Kurpromenade gibt es das Sanatorium »Korona Piastowska«. Es ist die alte »Preußische Krone«, das Geburtshaus der Brüder Carl und Gerhart Hauptmann. Im Keller sprudelte schon zu ihren Zeiten eine heilkräftige Quelle, aber »ihr Dasein war unbeachtet und ruhmlos. Ihr Wasser wurde für den Bedarf der Pferdeställe heraufgeholt«, so erzählt es Gerhart Hauptmann im »Abenteuer meiner Jugend«. Unwillkürlich denkt man an den Fuhrmann Henschel und die vielen anderen schlesischen Gestalten, deren Vorbilder Gerhart Hauptmann in den Menschen seiner Heimat gefunden hat. So ungleich die Brüder Hauptmann gewesen sind, beiden ist Schlesien der Lebensquell geworden, aus dem sie die Essenz ihres Künstlertums schöpften. Enger als der in die Welt hinaus wirkende Gerhart blieb sein Bruder Carl dem Umkreis seiner heimischen Berge verhaftet. In der Mystik seiner Gedankenwelt läßt er an Jakob Böhme denken. Hugo Hartung nennt ihn einen, »der von den Quellen der schlesischen Mystik getrunken hat«.
Nach Burgen und Bädern nun das Dritte: Die Waldenburger Kohle. Wir hatten schon gesagt, daß sich das Waldenburger Becken deutlich von den anderen Sudetenkämmen abhebt. In der erdgeschichtlichen Epoche des Kulm hatte sich zwischen Riesen- und Eulengebirge eine Meeresbucht herausgebildet. Als sie verlandete, wuchs eine üppige Vegetation von Farnen und Schachtelhalmen empor. Sie bildete die Torfschichten, aus denen die heutigen Kohlenflöze entstanden sind.

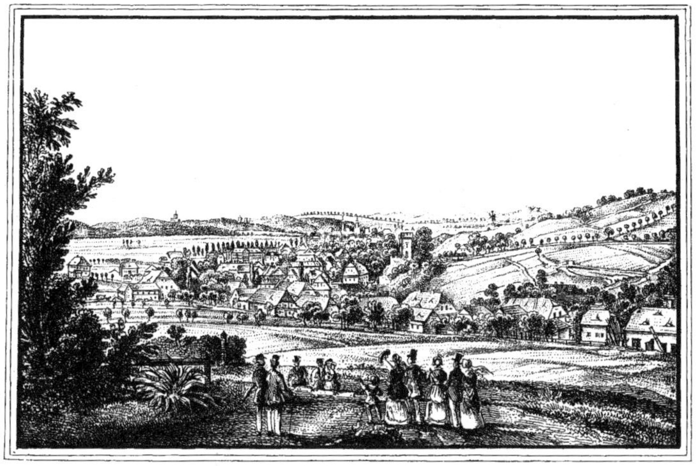

Bad Salzbrunn, Kr. Waldenburg

Stellenweise trat die Kohle offen zutage. Aber kaum jemand achtete der schwarzen Steine, die zu nichts zu gebrauchen waren. Für die Feuerstellen hatte man Holz in Fülle. Unter Bergbau verstand man in früheren Jahrhunderten lediglich die Suche nach Erz. Hier wachten die Landesherren eifersüchtig über ihr Bergregal. Nach Kohle hätte jeder graben können, aber keiner tat's.
Einen bescheidenen Bergbau nach Silbererz hat es am Ende des 15. Jahrhunderts bei Gottesberg gegeben. Aus dem Dörfchen wurde eine Freie Bergstadt. Ihre Knappen erhielten den königlichen Freibrief, daß sie »freye Bergleuthe sein und unbedrängt wohnen und sitzen sollen«. Dafür fiel dem König vom Ertrag »ein Viertel Dezem Silber für ewige Zeiten« zu. Diese Bergknappen waren aus Meißen gekommen, sicher ehrfürchtig angestaunt von der Bevölkerung. Wer sich darauf einließ, tief in der Erde nach Schätzen zu graben, der brauchte Mut und den besonderen Schutz Gottes. »Segen-Gottes-Grube«, »Reich-Gottes-Grube« und »Wag's-mit-Gott-Grube« hießen diese ältesten Bergzechen. Viel Ertrag scheinen sie nicht gebracht zu haben. Es gab Streit mit den

F. G. Endler: Gottesberg, Kr. Waldenburg

Grundherren; sie sahen den Bergbau mit scheelen Augen an, blieben immer wieder mit der Lieferung von Grubenholz im Rückstand. Um 1700 wurde der Erzbergbau endgültig eingestellt.
Kohle systematisch abzubauen begann man erst im 18. Jahrhundert, als die Steinkohle immer mehr das Holz beim Betrieb von Kalk- und Ziegelbrennereien, in Töpfereien und Brauereien verdrängte. Wir hatten schon gesehen, daß der junge Oberberghauptmann Friedrich Wilhelm von Reden mit dem Bau der Straße nach Maltsch für die Waldenburger Kohle neue Absatzgebiete erschlossen hatte. Bevor es in Oberschlesien einen nennenswerten Kohlebergbau gab, förderten die Waldenburger Gruben 1791 schon 417000 »Tonnen«, die Tonne damals allerdings noch zu knapp 200 kg gerechnet.
Später war das Verhältnis umgekehrt. In Niederschlesien wurde nur noch ein Siebtel der Kohlenmenge gefördert, die aus den oberschlesischen Gruben kam. Waldenburger Kohle mußte unter sehr viel schwierigeren Bedingungen ans Licht geholt werden. Die Kohlensäure, der die Bäder ihre Heilkraft verdanken, erschwerte andererseits den Bergbau und hat manch schweres Unglück verursacht. Die Flöze in Waldenburg waren weniger mächtig als die in Oberschlesien, oft von Sandsteinriegeln unterbrochen.
Ein einmaliges Kuriosum war der »Schiffbare Fuchs-Stollen« in Weißstein, ein ersoffener Stollen, den man nachträglich regelrecht für kleine Lastkähne schiffbar gemacht hatte. Moltke hat 1825 diese Sehenswürdigkeit besucht und beschrieben: »Denke Dir ein mehr als 1000 Klafter (ein Klafter = etwa 1,7 m) langes Gewölbe zum Theil in Felsen gesprengt, aber nur vier Fuß breit und wenig höher, welches Hunderte von Fuß tief unter Bergen, Dörfern und Bächen wegzieht. Der Boden ist etwa drei Fuß tief mit Wasser bedeckt, welches aus unterirdischen Quellen entsprungen, durch eine Schleuse dort gehalten wird, der Kahn ist fast so breit, als der Stollen. Bald verschwindet das Licht des Tages und trotz der vielen Lampen, die man mitnimmt, tritt eine völlige Finsternis ein, an die sich das Auge erst gewöhnen muß. Erst dann erkennt man die schwarzen Steinkohlen, rieselnde Quellen und von Zeit zu Zeit Bassins, zum Ausweichen der Kähne. Die Luft ist kalt, aber rein. Hier ist kein Sommer, kein Winter. Besonders schön ist beim Zurückfahren der Anblick der Öffnung in weiter Ferne. Die halbrunde Einfahrt sieht aus wie die aufgehende Sonne und spiegelt sich über die lange Wasserfläche hinüber.«
Größter Nachteil für die Waldenburger Kohle war das Transportproblem. Es spricht für die Aufgeschlossenheit der verantwortlichen Männer, daß schon im April 1816 das Schlesische Oberbergamt den Bau einer Eisenbahn anstelle der Kohlenstraße empfahl. Das war zwanzig Jahre bevor die erste deutsche Eisenbahn von Nürnberg nach Fürth dampfte. Nur zwei Jahre, nachdem zum allerersten Mal in England eine Lokomotive ein paar Wägelchen über eiserne Schienen gezogen hatte! Zweifellos ein kühner Plan, zumal solche Höhenunterschiede, wie sie zwischen Maltsch und Waldenburg auftraten, noch jahrzehntelang als unüberwindbar gal-

ten. Immerhin rollte schon 1843 der erste Zug von Breslau nach Freiburg. Die anschließende Bergstrecke mußte noch mit Pferdefuhrwerk überwunden werden. Hauptmanns »Fuhrmann Henschel« war einer dieser Fuhrleute! Erst zehn Jahre später hatte der Schienenweg Waldenburg erreicht. Im 20. Jahrhundert war die schlesische Gebirgsbahn von Breslau über Waldenburg und Hirschberg nach Görlitz eine der ersten elektrifizierten Strecken in Deutschland.
Neben den Kohlengruben wuchsen rasch andere Industriewerke empor. Den Anfang machte in Altwasser eine Eisengießerei. Mit Haushaltswaren, Töpfen und eisernen Öfen begann die »Carlshütte« ihre Produktion. Bald war sie zum wichtigen Lieferanten der maschinellen Ausrüstung für die Kohlenzechen geworden. Weitere Hüttenwerke kamen hinzu und sorgten dafür, daß in dem einst so stillen Waldtal immer mehr Schlote qualmten. Die Not der Weber, von der wir noch sprechen werden, wandelte sich zur Problematik des Industriearbeiters. Aber ein Fortschritt war das allemal. Ein zugewanderter Porzellanfachmann, Carl Krister, begründete die Waldenburger Porzellanindustrie. Aus seinem Werk kam einerseits feines Geschirr, das heute wegen seiner Seltenheit von Sammlern hoch geschätzt wird, andererseits produzierte er zielstrebig preiswerte Massenware, die sich auch der einfache Industriearbeiter und Handwerker leisten konnte. Als er seinen Betrieb 1840 auf Steinkohlenfeuerung umstellte, kam das einer Revolution in der Branche gleich. Die Fachleute wollten nicht glauben, daß man weißes Porzellan mit schwarzer Kohle brennen könne!
Kristers »Porzelliner« trugen sonntags eine schmucke Uniform ganz in weiß, die Porzellanmaler dagegen gaben sich als Künstler in schwarzen Samtröcken, schwarzen Hosen und dunkelblauen Mützen. Wir können uns vorstellen, welch festliches Bild der sonntägliche Kirchgang war, wenn die Bergknappen in ihren schwarzen Röcken mit goldenen Knöpfen und Helmbusch auftraten und auch die Dörfler der Umgebung in ihren Trachten erschienen.

WEBERLAND IM EULENGEBIRGE

In den Dörfern, die sich im Waldenburger Bergland und im benachbarten Eulengebirge kilometerlang an den Bachläufen hinaufschlängeln, sind die bescheidenen Weberhäuschen mit den steilen, tief heruntergezogenen Dächern und den winzigen Fensterchen häufiger anzutreffen als große Bauernhöfe. Der Weberaufstand hat das Schicksal dieser bescheidenen Menschen in ganz Deutschland bekannt gemacht. Ihre verzweifelte Not wird noch heute immer wieder als Beispiel für die Ausbeutung durch den frühen Kapitalismus angeführt. Wie konnte es dazu kommen, da doch die Wohlhabenheit vieler schlesischer Kleinstädte auf ihrer Tuch- und Leinenproduktion beruhte und schlesische Webwaren jahrhundertelang ein begehrter Exportartikel waren?
Im Mittelalter war die Tuch- und Leinenweberei, wie jedes andere Handwerk auch, den städtischen Zünften vorbehalten. Sie wachten über Produktion und Verkauf. Man stellte nur so viel her, wie man selbst in der Stadt und in der näheren Umgebung verkaufen konnte. Innerhalb der Bannmeile um die Stadt durfte es in den Dörfern keine Konkurrenz geben. Zwar gingen auch in den Dörfern Webstühle, doch was dort

F.A. Tittel (nach Vogt): Waldenburg in Schlesien

fertiggestellt wurde, diente nur dem Eigenbedarf oder mußte für den Gutsherrn angefertigt werden.
Das änderte sich, als – erstmals zur Zeit des Dreißigjährigen Krieges – eine neue Stoffart auftauchte und rasch sehr begehrt wurde: »Mesolan«. Der Name ist eine Verballhornung des italienischen »mezzo lana«, also Halbwolle. Es war ein Wollstoff, der zur Hälfte aus Baumwolle gewebt wurde. Trotz der großen Nachfrage zeigten sich die Zünfte halsstarrig. Sie wollten mit dem neumodischen Zeug nichts zu tun haben, »weil zuvor hier nicht bräuchlich«, beharrten auf ihren strengen Zunftregeln und weigerten sich, den neuen Stoff herzustellen. Die Folge war, daß die Tuchmacherzunft in Reichenbach am Ende des 17. Jahrhunderts fast ganz ausgestorben war. Der Wollhandel hatte sich nach anderen Lieferanten umgesehen, die es weniger genau nahmen. Er fand sie bei den Hauswebern auf dem Lande. Das war der Anfang der Weberei in den Dörfern des Eulengebirges.
Rasch entwickelte sich eine blühende Hausindustrie, die einen hübschen Nebenverdienst abwarf. Die Landwirtschaft war auf den steilen Hängen und bei den lang anhaltenden Wintern immer ein mühseliges und risikoreiches Unterfangen. Nun erlaubte es der scheinbar sichere Zusatzerwerb durch die Weberei, Bauernhöfe im Erbfall aufzuteilen und sich mit immer weniger Ackerboden zu begnügen. Das ging auch lange Zeit gut, denn Tuche und Leinen aus den schlesischen Bergen waren zu einem begehrten Handelsartikel geworden. Der Tuchhandel verhalf den Städten des Gebirgsvorlandes zu Wohlstand. Reichenbach wurde ein Zentrum des Wollhandels. Waldenburg, das lange Zeit kaum mehr gewesen war als ein großes Dorf, verdankt seinen Aufstieg zum Mittelpunkt des umgebenden Berglandes ausschließlich seinen Tuch-Kaufherren.
Schlesische Webwaren waren begehrt bis tief hinunter auf den Balkan, sie fanden Absatz in Polen und weit hinein nach Rußland. Ungarische Händler tauchten im Eulengebirge auf, um gleich an der Quelle einzukaufen; Großkaufleute aus Süddeutschland und den Niederlanden begründeten in Schlesien Niederlassungen für den Wollhandel. Die Weber waren geradezu umworben und erzielten auskömmliche Erlöse für ihre Ware.
Doch die Gunst der Stunde währte nicht lange. Bald verhinderte das Vordringen der Türken den Verkauf nach Südosten. Als August der Starke Polen und Sachsen unter seinem Zepter vereinte, fiel der polnische Markt aus. Rußland war nach der Gründung Petersburgs nicht mehr auf Importe über den Landweg angewiesen, sondern bevorzugte nun die nordischen Länder. Die schlesischen Weber verloren ihre wichtigsten Absatzgebiete.
Zwar nutzten findige Kaufleute die Eröffnung des Friedrich-Wilhelm-Kanals zwischen Oder und Elbe, um neue Absatzmärkte in England, den Niederlanden und sogar in Übersee zu erschließen, aber den Webern half das nicht viel. Sie waren nun in einer frühen Form des Kapitalismus dem Preisdiktat der Händler ausgeliefert. Obwohl Besitzer des »Produktionsmittels«, waren sie doch ganz abhängig vom Geldgeber. Schon früh hörte man die später nicht mehr abreißenden Klagen, daß die Kaufleute schlechtes Garn lieferten, beim

F. G. Endler: Reichenbach in Schlesien

Abmessen betrögen und danach die Qualität der fertigen Ware monierten.
Noch hatten die Weber ihr bescheidenes Auskommen. Welche Bedeutung der Leinen- und Wollweberei noch immer zukam, zeigen die Einnahmen der kaiserlichen Kasse, die allein aus Reichenbach 8000–10000 Reichstaler an Zoll für Webwaren einstreicht. Als die Preußen in Schlesien einrückten, wurden die Weber sogar vom Wehrdienst befreit mit der Begründung, ein arbeitender Weber bringe dem Staat so viel ein, wie ihn drei Soldaten kosteten!
Als aber gegen Ende des 18. Jahrhunderts auch der Verkauf nach England und Übersee zusammenbrach, zog in den Weberdörfern bittere Not ein. 1793 kam es zu ersten Unruhen. Militär mußte die Ordnung wiederherstellen, und der Staat wußte keine bessere Abhilfe, als Lebensmittel zu verteilen und Notstandsmaßnahmen anzuordnen. Die Weber sollten beim Straßenbau ihr Brot verdienen. Aber die hatten weder die körperliche Kraft noch geeignetes Schuhwerk und wetterfeste Kleidung für so schwere Arbeit im Freien.
Man muß sich einmal vergegenwärtigen, daß der Weber damals für seine tägliche Arbeitszeit von 12–14 Stunden wöchentlich 7 ½ Silbergroschen erhielt. Das war der Gegenwert von 3 ½ Pfund Brot! Dazu hatte er die Kosten für seine Gerätschaften, für Heizung und Licht selbst aufzubringen. Es war eine armselige und kleine Welt, in der weder die Weber noch die Händler – zumeist waren es ja nur kleine städtische Krämer – über ihren engsten Umkreis hinausblickten. Keiner erkannte, was allein Hilfe gebracht hätte: aufgeschlossen zu sein für neue Produktionstechniken und die Erfordernisse des Marktes. Dazu hätte die Kaufmannschaft ihren Webern Ausbildung, Kredite und ausreichende Entlohnung bieten müssen. Stattdessen nutzten selbst die größeren Häuser die niedrigen Löhne dazu, billig anzubieten. Sie drückten sogar weiter auf die Entlohnung, wenn der Absatz stockte.
Aber gerade in dieser Zeit des beginnenden Weberelends

F. G. Endler: Wüstewaltersdorf, Kr. Waldenburg

entstanden in den Städten die schönen Barockhäuser der Tuchhändler. Sprichwörtlich wurde der Luxus der Hirschberger »Schleierherren«, über deren protzige Grufthäuser auf dem Friedhof Friedrich der Große seine spitzen Bemerkungen machte. In Waldenburg baute die Familie Töpfer am Ring ihr »Ankerhaus«, das zum Zeichen der weltweiten Verbindungen dieses Handelshauses auf dem Dach einen riesigen Anker trägt. Er ist noch heute ein seltsames Wahrzeichen Waldenburgs geblieben.
In Napoleonischer Zeit bringen die Kontinentalsperre und hohe Schutzzölle in den Vereinigten Staaten den Export des schlesischen Leinens fast völlig zum Erliegen, auf der anderen Seite beginnen nun in England die ersten mechanischen Spinnereien und Webereien so billig zu arbeiten, daß die schlesische Handarbeit damit nicht mehr Schritt halten kann. Während aber bald schon im Rheinland eine zeitgemäße Textilindustrie entsteht, glaubt man in Schlesien gar, mit noch geringerer Entlohnung und noch längerer Arbeitszeit den Wettlauf mit der Maschine bestehen zu können! Da hilft es wenig, wenn in Waldenburg ein fortschrittlicher Unter-

DAS BLUTGERICHT

Hier im Ort ist ein Gericht
Noch schlimmer als die Feme,
Wo man nicht erst ein Urteil spricht,
Das Leben schnell zu nehmen.

Hier wird der Mensch langsam gequält,
Hier ist die Folterkammer,
Hier werden Seufzer viel gezählt
Als Zeugen von dem Jammer.

Ihr Schurken all, ihr Satansbrut,
Ihr höllischen Dämone,
Ihr freßt der Armen Hab und Gut,
Und Fluch wird Euch zum Lohne.

Ihr seid die Quelle aller Not,
Die hier den Armen drücket,
Ihr seid's, die ihm das trockne Brot
Noch von dem Munde rücket.

F. G. Endler: Kuchendorf, Kr. Reichenbach

nehmer, der Leinenhändler Johann Gustav Alberti, die erste mechanische Spinnmaschine auf dem Kontinent selbst konstruiert und 1818 die erste vollmechanische Spinnerei in Betrieb nimmt. Es dauert noch einmal fast 20 Jahre, ehe in Freiburg Karl Friedrich Kramsta als nächster seine Fabrikation auf Maschinenbetrieb umstellt. Die englische Konkurrenz war damit nicht mehr einzuholen.

Das Elend der schlesischen Weber wurde so unerträglich, daß sich die Erbitterung endlich Luft schaffen mußte. Trotzdem bleibt es erstaunlich, wie sich die ausgehungerten, während vieler Generationen an die Not gewöhnten Weber plötzlich zur Tat aufrafften. In seinem Schauspiel »Die Weber« hat Gerhart Hauptmann, der ja die Menschen seiner Heimat so gut kannte, überzeugend geschildert, wie bitterster Hunger diese noch immer genügsamen und obrigkeitshörigen Menschen zum Aufstand trieb. Eine besondere Rolle spielte dabei das Weberlied.

Mit diesem Lied auf den Lippen zog eine Handvoll Weber am 3. Juni 1844 vor das Haus des Fabrikanten Zwanziger – bei Hauptmann heißt er Dreißiger – und forderte mehr Lohn. Selbst als Zwanziger einen der Leute ergreifen ließ und der Polizei übergab, blieb noch alles ruhig. Aber am nächsten Tag rottete sich eine noch größere Menge vor Zwanzigers Haus zusammen und begann ohne lange zu fackeln, die Fenster einzuwerfen und ins Haus einzudringen. Zwanziger und seine Familie flohen. Das Haus wurde ausgeplündert, und nun marschierte die Menge, ratlos, aber vom Erfolg angestachelt, nach Langenbielau weiter. Dort griff Militär ein, schoß in die Menge, es gab 13 Tote und viele Verwundete.

Damit war der Aufstand schon vorbei. Man wundert sich heute, welch ungeheures Aufsehen dieses Ereignis von kaum zwei Tagen Dauer in der Öffentlichkeit erregt hat, und man wundert sich noch mehr, wie gering seine Auswirkungen waren. Am Los der Weber änderte sich zunächst so gut wie gar nichts. Hatte Oberpräsident von Merckel schon zuvor in einem Bericht nach Berlin die Lage völlig verkannt, als er feststellte: »Ein allgemeiner Notstand hat sich bei den Webern jener Gegend keineswegs eingefunden«; so bekannte er nach dem Aufstand gegenüber einer Deputation der Weber seine völlige Hilflosigkeit: »Er bedauere, daß der Weberlohn hier und da herabgedrückt werde, doch könne er dagegen nichts tun. Lange der Weberlohn gar nicht mehr zu, so müsse der Arbeiter eben auf andere Weise sein Brot suchen!« Tatsächlich geschah von Regierungsseite gar nichts, der unternehmerischen Willkür irgendwelche Schranken zu setzen. Die üblichen Notstandsmaßnahmen blieben wirkungslos. Erst 15 Jahre später setzte die Industrialisierung ein. In Langenbielau und Peterswaldau entstanden die ersten Textilfabriken. Sie sicherten den Webern ein regelmäßiges Einkommen und soziale Betreuung.

Der Weber wurde zum Fabrikarbeiter und lernte, seine Forderungen notfalls auch durch Streik durchzusetzen. Das traditionsreiche Weberhandwerk aber starb aus. Kaum jemand war noch bereit, das wenig einträgliche Gewerbe fortzuführen. Im 20. Jahrhundert wurde versucht, die alte Tradition noch einmal zu beleben, der Hausweberei als kunstgewerblicher Handarbeit wieder Freunde zu gewinnen. So hörte man dann doch wieder hie und da einen Webstuhl klappern.

Für uns klang das alles vor fünfzig Jahren wie ein Lied aus längst vergangenen Zeiten. Das Eulengebirge lockte im Sommer zum Wandern, im Winter zum Schifahren und Rodeln. Aus dem Notstandsgebiet, dessen Leiden ganz Deutschland bewegt hatte, war ein blühendes Land geworden. Landwirtschaft, Industrie und Gewerbe ergänzten sich, und der Fremdenverkehr brachte zusätzliche Verdienstmöglichkeiten noch in die entlegensten Dörfer. Den Weberhäuseln schaute nicht mehr die Not aus den blankgeputzten Scheiben.

Langenbielau war zu einem betriebsamen Industrieort geworden. Längst hatte es den dörflichen Rahmen gesprengt, ein Rathaus und nachträglich einen Ring bekommen, wie er in allen schlesischen Städten selbstverständlich war. 1924

F. G. Endler: Peterswaldau, Kr. Reichenbach

wurde es endlich zur Stadt erhoben, hatte bald darauf mehr als 20000 Einwohner. Die Dierig-Werke waren Schlesiens größtes Textilunternehmen, und sie exportierten wie in Schlesiens besten Zeiten bis nach Amerika, ja sogar nach Asien und Afrika.

Reichenbach wurde zum Industriezentrum des Eule-Vorlandes. Neben einer Webmaschinenfabrik gab es vor allem eine bedeutende Elektroindustrie. Sie fiel 1945 unversehrt in polnische Hände und produziert heute in großem Ausmaß Radio- und Fernsehgeräte. Bemerkenswert ist, daß Polen für die Stadt offenbar vergeblich nach einem slawischen Namen Ausschau gehalten hat, der sich historisch begründen ließe. Am Anfang nannte man die Stadt einfach »Rychbach«, dann verfiel man auf den Namen des schlesischen Bienenzüchters Johannes Dzierzon. Als Autodidakt hatte er die Parthenogenese der Bienen entdeckt, also das Entstehen von Nachkommen aus unbefruchteten Eiern, und den Bienenstock mit beweglichen Waben erfunden. Er lebte von 1811 bis 1906, war Pfarrer in Karlsmarkt, hat aber mit Reichenbach herzlich wenig zu tun gehabt.

Wie schön war es, unter den schattigen Bäumen der Reichenbacher Promenade zu sitzen und hinüberzuschauen auf die blauen Hänge des Eulengebirges. Kilometerlang folgten die Häuserzeilen den Bachläufen, bis der Wald die letzten Dächer verschluckte. Dort buchstabierte sich Langenbielau mit Nieder-, Mittel-, Ober- und Neubielau hinauf bis unter die Ascherkoppe. Daneben streckte sich die endlose Zeile von Peterswaldau und Steinkunzendorf mehr als zehn Kilometer lang bis zur »Forelle«, dem bekannten Ausflugslokal. Auf der »Hungerstraße« – längst war vergessen, daß sie als Notstandsmaßnahme während der schlimmen Zeit des Weberelends entstanden war – karrten die gelben Postbusse ihre Touristenfracht zu den »Sieben Kurfürsten«, einer Gebirgsbaude, die es heute nicht mehr gibt. Aber die Paßhöhe ist noch immer ein geeigneter Ausgangspunkt für den Aufstieg zur Hohen Eule. Der Gipfel (1014 m) mit dem Aussichtsturm bleibt ständig sichtbar, der Weg ist nicht zu verfehlen. In Gedanken möchte ich gerne weitermarschieren, den langen Kammweg hinüber bis nach Wartha. Es war ein schöner gemächlicher Weg fast ohne Steigungen, aber man brauchte zwei Tage dafür und mußte in Silberberg übernachten. Hoch droben lief man zwischen Fichten, später zwischen Buchen, Birken und Eichen dahin. Ab und zu tat sich links der weite Blick in die Ebene auf, dann wieder überraschend nach rechts zu den ineinandergeschobenen Waldbergen der Grafschaft. Reimskoppe, Sonnenkoppe, Ottenstein und Ascherkoppe heißen die Gipfel, die wir passieren. Bielauer, Weigelsdorfer und Volpersdorfer »Plänel« markieren die flachen Einsattelungen, über die die Straßen herauf- und wieder hinuntersteigen. Die Sonne steht tief hinter uns, wenn wir Silberberg, die Festung Friedrichs des Großen, erreichen. Von hier führt die Paßstraße steil und kurvig, begleitet von den einförmigen preußischen Kasernenbauten, hinunter in das Bergstädtchen, das es nie zu einer richtigen Stadtanlage gebracht hat. Ganz dörflich stehen die Häuser in zwei Reihen zu beiden Seiten der Fahrstraße.

Am nächsten Morgen könnten wir den schattigen Aufstieg durch den Mannsgrund wählen, vorbei am verfallenen Stollen »Zum geharnischten Mann«, bis wir wieder auf der Paßhöhe stehen. Von hier steigt der »Kolonnenweg« mählich bergan. Er war als Verbindung zwischen den beiden Festungen Silberberg und Glatz angelegt worden. An der Wiltscher Scheibe haben wir noch einmal 600 m Höhe erreicht. Wenig später müssen wir den Einschnitt der Straße von Gabersdorf überwinden. Die strengen Fichtenstämme bleiben zurück, Mischwald nimmt uns auf. Sogar Eiben gab es hier noch zu bestaunen. Hinter der Anna-Warte löst sich der durchgehende Gebirgskamm in einzelne Kuppen auf. Wir haben unsere stolze Höhe verlassen und stehen bald an der Fahrstraße nach Wartha, wo sich die Neiße in weitem Bogen zwischen Eulen- und Reichensteiner Gebirge hindurchzwängt.

DIE GRAFSCHAFT – SCHLESIENS HERRGOTTSWINKEL

Wie ein strenger Glaubenswächter ragt die majestätische Doppelturmfront der Wallfahrtskirche Mariae Heimsuchung über den Dächern von Wartha auf. Es gibt wohl keinen schöneren Zugang zur Grafschaft und keinen Platz, der besser auf »Schlesiens Herrgottswinkel« einstimmen könnte, als dieser Ort frommer Marienverehrung. Bis zu 150000 Wallfahrer kamen jährlich, um von dem uralten Gnadenbild Hilfe zu erflehen. Ganze 42 Zentimeter mißt das kleine Schnitzwerk, das im goldenen Strahlenglanz des riesenhaften Altaraufbaues fast verschwindet. Als gekrönte Herrscherin, den Reichsapfel in ihrer Rechten, sitzt Maria auf dem Thron, auf ihren Knien das segnende Kind. Es ist die einzige erhaltene romanische Holzplastik Schlesiens, vermutlich vom Anfang des 13. Jahrhunderts.

Die Überlieferung weiß von einem jungen Mann zu berich-

ten, der droben auf dem Wartha-Berge inbrünstig zur Heiligen Jungfrau gebetet hat. Sie erschien ihm und reichte ihm das hölzerne Bild mit den Worten: »Nimm hin, mein Sohn, Deine Mutter!« Zugleich trug sie ihm auf, ihr drunten im Ort eine Kapelle zu erbauen. Wir finden ihren Weihespruch noch heute auf einem Spruchband unter der Orgelempore.
Ja, was wäre diese schöne Kirche ohne die herrliche Orgel! Ihr gewaltiger Prospekt hält dem Prunk des Altars die Waage. Sie ist eine der größten Orgeln aus der Blütezeit schlesischen Orgelbaus und eine der ganz wenigen, die heute noch unversehrt erhalten sind. Friedrich der Große soll sie gespendet haben, wohl als freundschaftliche Geste für den Abt des Klosters in Kamenz, den er sehr schätzte. Seither behaupten freilich die Kamenzer, dieses herrliche Instrument gehöre eigentlich in ihre Kirche. Ein Porträt des Abtes von Kamenz, Tobias Stusche, hängt im Museum des Warthaer Klosters. Es lohnt, dort einmal hineinzusehen, vor allem wegen der pietätvoll aufbewahrten alten deutschen Votivtafeln.
Für uns Kinder hielt Wartha noch andere Attraktionen bereit. Wir drängten über die alte steinerne Brücke zu dem kleinen Haus am Anstieg des Stationsweges. »Hier ist zu sehen die mechanische Geburt unseres Herrn und Heilands«, stand verheißungsvoll über der Tür. »Die Geburt«, so nennt man in Schlesien die Weihnachtskrippen. Und nun gar noch »mechanisch«! Ein wahres Wunderwerk biederer Handwerkskunst, die ganze Stube ausfüllend, mit Ochs und Esel, Hirten und Schafen samt den himmlischen Heerscharen, aber auch – wie herrlich – mit Christbäumen, Fahnen und sogar Omnibussen, die durch Bethlehems Straßen kurvten. Das alles angetrieben von einem riesenhaften Stein, der im Hintergrund sanft zum Boden niedersank und die leise zirpenden Drähte der »Geburt« in Bewegung hielt.
Dann lockte die heiße Sommersonne wieder nach draußen. Glühheiß und steil war der Aufstieg zum Kapellchen auf dem Wartha-Berg, und gar zu verführerisch dufteten die Himbeeren am Wegesrand. Wer ihnen nachgab, schaffte es wohl

F. G. Endler: Friedrichsgrund, Kr. Glatz

kaum noch bis zum Gipfel. Dort erfüllte das größte Wunder die kindliche Seele mit heiligem Schauer und heimlichen Zweifeln. Denn auf dem heiligen Berge war die Marienerscheinung nicht nur eine sagenhafte, längst vergangene Vision geblieben. Nein, leibhaftig hatte ja die Gottesmutter genau hier auf diesem Stein gestanden. Und der Umriß ihres zarten Fußes war tief und deutlich, überhaupt nicht wegzuleugnen, in den Stein eingegraben!
Ich erinnere mich, daß es einen stillen und schattigen Weg von Wartha hinauf nach Glatz gegeben hat, den wir in heißen Sommertagen gewandert sind, das geschäftige Murmeln der Neiße zur Rechten. Heute trägt uns die Benzinkutsche in wenigen Minuten hinein ins Herz der Grafschaft, wo es aussieht, als wollten die mächtigen Mauern der Festung drüben über dem Tal die Stadt fast in den Fluß hineindrängen.
Glatz und seine Festung! Die mittelalterliche Burg und später die Festung an ihrer Stelle haben die Stadt geprägt. Steigen wir die holprige Straße hinauf von Tor zu Tor, um schließlich vom höchsten Werk das ganze Glatzer Land zu überschauen mit seinen goldenen Ährenfeldern entlang der Neiße und der

F. G. Endler: Wartha, Kr. Frankenstein

Steine, mit dem Kranz walddunkler Bergwälle vom Schneeberg bis zur Hohen Eule. Wo heute ein sperriger Funkmast in den Himmel sticht, hatte Friedrich der Große eine steinerne Nepomukfigur aus der Stadt hinaufschaffen lassen. Der alte Skeptiker wußte sehr genau, womit er die Herzen seiner Grafschafter gewinnen konnte. Aber als er ein Jahr darauf wieder nach Glatz kam, befand er: »Es ist nicht recht, daß er das Gesicht nach Schlesien kehrt; hier hat er nichts zu tun.« Der Heilige wurde gewendet und schaute nun heimwärts nach Böhmen hinüber.

Drunten in einer der zyklopischen Festungsmauern grinst aus einer Nische heraus das steinerne Abbild der Valeska, einer heidnischen Prinzessin aus sagenhafter Vorzeit, die eine glätzische Brünhilde gewesen sein muß. Hufeisen zerbrach sie mühelos wie dürres Holz, ihren Pfeil ließ sie eine gute Wegstunde weit bis in den Wipfel der alten Eisersdorfer Linde schwirren.

Glaubwürdiger sind allerdings die Abenteuer des Freiherrn Friedrich von der Trenck, der zwei Jahre lang, 1745 und 1746, in Glatz gefangen saß, vier vergebliche Fluchtversuche unternahm, ehe ihm der fünfte – Ende November schwimmend durch die eiskalte Neiße – endlich gelang.

Noch viel abenteuerlicher liest sich die Lebensgeschichte eines anderen Gefangenen auf der Festung, des Räuberhauptmanns Exner, der um 1800 Schlesien in Schrecken versetzte. Er war ein Herkules an Körperkraft, klug und gebildet, verschonte die Armen und hielt sich an den Reichen schadlos. So oft man ihn auch ergriff, gelang es ihm doch immer wieder nach wenigen Tagen auszubrechen, so daß kein Gefängnis ihn mehr haben wollte und schließlich nur noch die Mauern von Glatz als sicherer Aufbewahrungsort blieben. Aber auch hier bahnte er sich mit nichts als einem Nagel den Weg ins Freie, indem er Mauerfugen auskratzte und die Steine herauslöste. Nachdem er wieder eingefangen war, wußte man keinen anderen Rat, als ihn dem Zaren zur Deportation nach Sibirien anzubieten! Auch von dort fand er noch einmal den Weg nach Schlesien zurück. Bei einem Überfall auf die Harpersdorfer Mühle bei Glogau starb er schließlich, als ihm der wachsame Müller ein Messer in die Brust rannte.

Doch genug der Ein- und Ausbrechergeschichten. Ein Fremdkörper ist die Festung immer im Leben der Stadt gewesen. Glatz lebte mit seinen Kirchen. Erst in ihnen läßt sich verstehen, was das Wort von »Schlesiens Herrgottswinkel« sagen will. Kann es dafür ein sinnfälligeres Bild geben als den Blick über die alte Brücktorbrücke mit ihren Heiligenstatuen auf den Brüstungen zu den Zwiebeltürmen der Franziskaner-Kirche im Hintergrund? Von dort führt ein stiller Weg am Mühlbach entlang zur Ernestus-Stiege und zur Stadtpfarrkirche Mariae Himmelfahrt.

Ernestus von Pardubitz war der erste Erzbischof auf dem Prager Bischofstuhl und einer der bedeutendsten Kirchenfürsten im 14. Jahrhundert. Glatz hat er wohl während seines ganzen Lebens als seine eigentliche Heimatstadt angesehen. Sein Vater war königlicher Burggraf in Glatz. Dort besuchte Ernestus von 1305 bis 1310 die Schule der Johanniter. Vor dem Marienbild in der damals noch aus Holz erbauten

Pfarrkirche hatte er die Vision, Maria wende sich ob seiner Sünden von ihm ab. Er wurde Priester, studierte in Bologna und Padua, wurde Domherr, dann Bischof in Prag und war bald ein geschätzter Ratgeber Kaiser Karls IV. An der Gründung der Prager Universität hatte er wesentlichen Anteil. Als Erzbischof legte er den Grundstein zum Veitsdom. In Glatz stiftete er unterhalb des Schloßberges das Augustiner-Kloster und bestimmte sein ganzes Vermögen zum Bau der neuen Pfarrkirche, in der er seine letzte Ruhestätte fand. Sein Grabmal ist – wenn auch im Lauf der Jahrhunderte arg beschädigt – eines der wertvollsten Kunstdenkmäler in dieser schönsten und festlichsten Kirche der Grafschaft.

Von Glatz ist es nicht weit durch die fruchtbaren Fluren des Steinetals hinauf nach Schlegel, der Heimat Joseph Wittigs. In seinem Werk erscheint am klarsten das Besondere an der

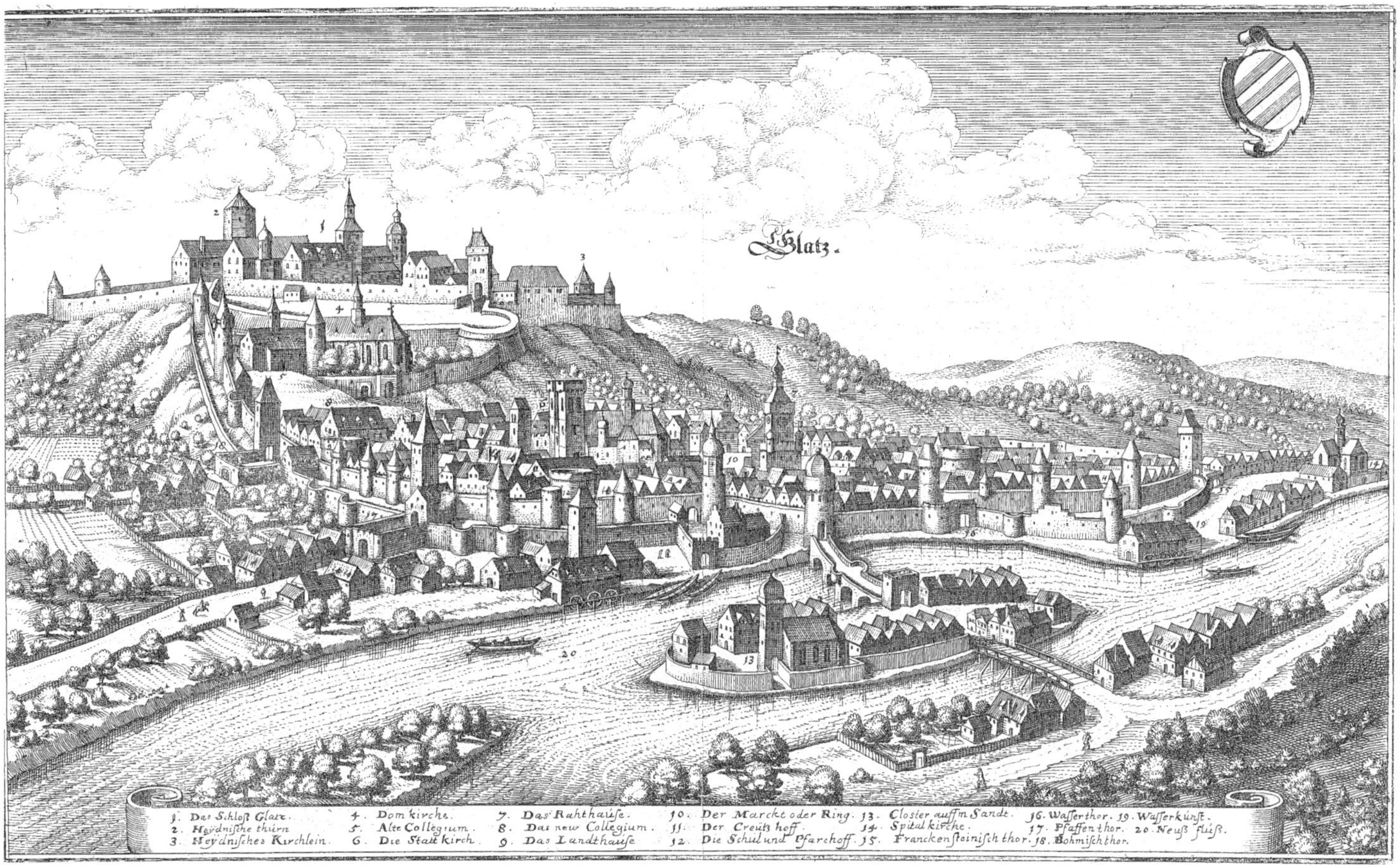

Merian: Glatz (um 1650)

Gnadenbrunnen zu Albendorf, Kr. Glatz

Frömmigkeit des Glatzer Menschen. Unter dem eigenwilligen Titel »Leben Jesu in Palästina, Schlesien und anderswo« erzählt er seine eigene Lebensgeschichte, die Geschichte eines Dorfjungen, der frühzeitig zum Priester bestimmt wird, Alumnat und Priesterseminar in Breslau erlebt. Er stemmt sich mit diesem Bericht ganz entschieden gegen eine theologische Wissenschaft, die damals das Leben Jesu anhand historischer Belege auf seinen urkundlich überprüfbaren Wahrheitsgehalt untersuchen wollte. Diesem trockenen Gelehrteneifer setzt er seine tiefe Gläubigkeit entgegen, schildert sein Leben, als seien es Lebensstationen des Heilands. Er fühlt Christus in sich selbst und hält Zwiesprache mit ihm. Er glaubt unerschütterlich daran, daß jedem wahrhaft Frommen die eigene Heimat, ob in Glatz, Schlesien oder »anderswo«, zu einem Palästina werden müsse, wo sich die Heilsgeschichte erfüllt. Hier traf er sich mit dem anderen großen schlesischen Mystiker, mit Angelus Silesius, für den Bethlehem im Herzen jedes Christen war.

Nahe bei Schlegel liegt dann auch das wahre »schlesische Jerusalem«, Albendorf, der kuriose Wallfahrtsort, in dem begreifbare Wirklichkeit wird, was Wittig meinte, wenn er von seiner Heimat sprach als dem »gottseligen Land voll tiefgläubiger Menschen, wo sich Gott noch offenbart auf den Wegrainen, zwischen hohen Getreidefeldern, in blühenden Dornbüschen, im Schatten uralter Bäume«. Zu vielen Tausenden strömten die Pilger hier zusammen, zogen von weit her auf staubigen Wegen durch die sommerlichen Fluren mit bunten Fahnen, schallendem Gesang und gemurmelten Gebeten. Albendorf nahm sie auf mit dem pittoresken »Tor Josaphat« und ließ sie weiterwallen den »Bach Kidron« entlang zum »Berg Zion«, zum »Garten Gethsemane«, auf den »Ölberg« und schließlich zum »Tempel Salomonis«, der prächtigen Wallfahrtskirche, die so fremd und exotisch zwischen den biederen Häusern des Dorfes steht.

Nirgendwo sonst konnte wohl ein solches Phantasiegebilde aus einem Gottesglauben emporwachsen, der die Heilsgeschichte ganz real hier und jetzt miterleben wollte. Daniel Paschasius von Osterberg, Herr auf Niederrathen, hatte zwei Pilgerreisen nach Jerusalem unternommen und begann um 1680 die heiligen Stätten nachzubauen, um seinen Bauern einen Ersatz für die Pilgerfahrt nach Palästina zu bieten. Nun finden wir hier in mehr als siebzig (!) Stationen den Erdenweg Christi mit lebensgroßen Figuren nachgestellt. Natürlich darf auch eine »mechanische Geburt« nicht fehlen. Die Albendorfer Weihnachtskrippe ist eine der schönsten, auf jeden Fall die bekannteste im Glatzer Land. Daß sie der Großonkel Joseph Wittigs gebastelt hat, mögen wir nun nicht mehr als Zufall ansehen.

Eine lange Tradition hatten in der Grafschaft die alljährlich zur Weihnacht aufgeführten Krippenspiele, bei denen das ganze Dorf voll Begeisterung mitwirkte. Kunstvoll und lebensecht waren hier drastisch-bäuerliche Rüpelszenen in die heilige Handlung eingeflochten. Herbergssuche, die Tiere im Stall und besonders die Hirten auf dem Felde boten ja genügend Anknüpfungspunkte. Beim Stuhlseiffener Weihnachtsspiel lassen sich die Hirten nur sehr widerwillig die Nachtruhe von den himmlischen Heerscharen stören: »Wenns Engala sein, wern se schon noch amal sing'n.« Doch als sie zur Krippe kommen, schenken sie dem Kinde »a bissala Mehl und a bissala Putter und fürs Esala a bissala Futter und Grütze und Groppe (Graupen) und a grußmächtija Tupp mit Hirsepoppe«. So war dem Menschen der Grafschaft das biblische Geschehen nicht in himmlische Ferne entrückt, sondern blieb ihm jederzeit gegenwärtig.

FERIENLAND DER BÄDER, BERGE UND WÄLDER

Hinter Albendorf ragt die Heuscheuer wie ein riesenhafter Sarg in den Himmel. Kein zweites Mal findet man einen solchen Tafelberg in den schlesischen Gebirgen. An seiner seltsamen Gestalt haben die Menschen herumgerätselt und nach einer Erklärung gesucht. So ging die Sage von einer alten Burg, in der ein gottloser Ritter hauste. In der Heiligen Nacht soll er ein wüstes Zechgelage gehalten und dem Teufel zugeprostet haben. Da erstarrte die Burg unter Donnergetöse mit all ihren Mauern und Zinnen zu totem Fels. Im Burgverlies aber sitzt noch immer eine holde Jungfrau und stickt an einem Hemd. Nur einmal in jedem Jahr tut sie zur Christnacht einen Stich. Wenn das Hemd fertig ist, wird die Welt untergehen.

Steil steigt die Heuscheuerstraße mit weiten Ausblicken hinauf in die menschenfernen Wälder, die im Sommer der würzige Duft schwarzer Brombeeren erfüllte. Von hier kam die köstliche Glatzer Spezialität, der Brombeerlikör »Kroatzbeere«. In Carlsberg begann dann der eigentliche Aufstieg zur Großen Heuscheuer, eine Tour, die kein Besucher der Grafschaft auslassen durfte, einmal der Aussicht wegen, vor allem aber wegen der bizarren Felsbilder, die Sturm und Regen aus dem weichen Sandstein herausgewaschen hatten. Wer das alles schon kannte, die »Brütende Henne«, den »Backofen«, den »Schlafenden Mohren« und den »Krinolinenmörder«, der hatte seine stille Freude an den zungengewandten Erklärungen des »Führers« und wartete auf die altbekannten Witzchen, die todsicher immer an der gleichen Stelle kamen.

Den steilen Stufenpfad dort hinauf hatte 1790 ein preußischer Ingenieurmajor angelegt, um König Friedrich Wilhelm II. und seinem Gefolge einen bequemen Aufstieg zu ermöglichen. Nur wenige Tage später ist auch Goethe während seiner Reise durch Schlesien diesen Weg gegangen.

Schloß Eckersdorf, Kr. Glatz

Abwärts senkt sich die Straße gemächlich durch die Wälder nach Bad Kudowa. Wir kommen in den Bäderwinkel, wo sich Altheide, Reinerz und Kudowa gegenseitig den Rang ablaufen. Kudowa rühmte sich der stärksten Arsenquelle Deutschlands. Die Verbindung von Arsen und Eisen wirkt besonders heilkräftig bei Blutkrankheiten und machte Kudowa zum ersten Herzbad Deutschlands. Helmuth von Moltke hat seine Quellen öfter aufgesucht und Heilung gefunden. Ihm zu Ehren wurde die Helmuth-Quelle benannt; die »Moltkekiefer«, ein Baumriese von ungewöhnlicher Größe, ist noch heute ein auffälliger Blickpunkt am Eingang zum Kurpark.
Nur einen Katzensprung entfernt ist Bad Reinerz, dessen Kuranlagen ein gutes Stück außerhalb des Ortes liegen. Der Ort selbst kann mit zwei Attraktionen aufwarten. Da gibt es einmal die berühmte Walfischkanzel in der Pfarrkirche St. Peter und Paul. Der Prediger stand hier leibhaftig wie weiland Jonas im gräßlich aufgerissenen Rachen des gewaltigen Walfisches, und Spötter meinten, die staunenden Touristen würden ihre Münder angesichts dieses Kunstwerks ebenso weit aufreißen wie das schauerliche Ungetüm!

F. G. Endler: Wünschelburg, Kr. Glatz

F. G. Endler: Die Heuscheuer

Wenige Schritte neben der Kirche findet sich die alte Papiermühle von 1605 mit zierlichem Torhäusel, steilem Schindeldach und langgezogenen Gauben, die für frische Luft auf dem Trockenboden sorgen mußten. Ihr Besitzer war im 17. Jahrhundert auf den klugen Gedanken gekommen, mit Hilfe des mineralhaltigen Bergwassers ein milbenfreies, besonders dauerhaftes Papier herzustellen. Es wurde seither bevorzugt in der kaiserlichen Hofkanzlei für Staatsurkunden des Heiligen Römischen Reiches Deutscher Nation verwendet. Kaiser Rudolf II. erhob den findigen Papiermüller in den Adelsstand, aus einem biederen Gregor Kretschmer wurde der Herr von Schenkendorf. Seine Mühle steht noch heute in hohen Ehren. Sie dient nämlich als Museum für die Geschichte der Papierherstellung in Polen!
Vom Städtchen Reinerz führt eine schöne Allee hinüber ins Kurviertel. Obwohl die Quellen schon seit Jahrhunderten bekannt waren, hat erst Friedrich der Große, der sich regelmäßig Reinerzer Quellwasser nach Berlin schicken ließ, für die Entwicklung der Kuranlagen gesorgt. Wirklichen Aufschwung nahm das Bad, als im Jahre 1909 die »Laue Quelle«

nachgebohrt wurde und plötzlich unter gewaltigem Druck eine schäumende Kohlensäure-Fontäne meterhoch emporschoß. Damit schloß Reinerz zu den bedeutendsten Herzheilbädern Deutschlands auf, unterstützt durch das anregende Höhenklima. Mit 569 m ü.M. war es einer der höchstgelegenen Badeorte in Deutschland.

Im Park steht ein winziges klassizistisches Kurtheater. Hier hat Frédéric Chopin als Sechzehnjähriger bei einem Kuraufenthalt seine ersten öffentlichen Konzerte gegeben. Durch das waldreiche Tal der Weistritz führt ein romantischer Spazierweg samt Fahrstraße zur »Schmelze«, wo Erinnerungen an einen anderen großen Komponisten wach werden. Felix Mendelssohn-Bartholdy soll hier die Melodie zu Eichendorffs »Wer hat Dich, Du schöner Wald, aufgebaut so hoch da droben?« und die Ouvertüre zum »Sommernachtstraum« geschaffen haben. Die Schmelze war ein Eisenwerk, das der Onkel des Komponisten angelegt hatte, um den Erzbergbau neu zu beleben, was sich später aber als unrentabel erwies.

Im stillen Tal der jungen Weistritz läßt es sich bequem aufwärts wandern zu dem interessantesten Naturschutzgebiet der Grafschaft, zu den Seefeldern, einem 124 ha großen Hochmoor an der Wasserscheide von Ost- und Nordsee. Nach Norden fließt das Rote Wasser über Weistritz und Glatzer Neiße zur Oder, nach Süden führt die Erlitz ihr Wasser der Elbe zu. Auf 760 m Seehöhe hat sich in dem strengen Klima eine einzigartige Flora erhalten. Unter Moorkiefern und Moorbirken mit ihren pinienartigen Kronen fällt die nordische Zwergbirke auf, die sonst nur in Grönland, Island und Spitzbergen zu Hause ist. Wer Glück hat, kann dem insektenverschlingenden Sonnentau begegnen. Wasserlerchen, Auer- und Birkhähne finden hier noch ungestörten Lebensraum, und neuerdings hat man versucht, Mufflons aus Korsika heimisch zu machen.

Ein unendlich großes, todeinsames Waldgebiet dehnt sich zwischen der böhmischen Grenze, Reinerz und Habelschwerdt. Wollten wir darin von den Seefeldern weiter ostwärts wandern, kämen wir nach zwei Stunden zur »Spätenwalder Ewigkeit«, einer Waldstraße, die 5 km lang schnurgerade nach Hüttenguth und Spätenwalde hineinführt. Freilich erreicht man Spätenwalde leichter auf der Fahrstraße von Habelschwerdt herauf. Der Ort besteht nur noch aus wenigen Häusern, besitzt aber in seiner hölzernen Kirche St. Anna aus dem Jahre 1717 ein einzigartiges Kleinod. Kassettendecke und Emporenbrüstung sind mit Bildern aus dem Alten und Neuen Testament und mit unverfälscht erhaltenen Inschriften bedeckt.

Wo früher auf den steilen Hängen mit unsäglicher Mühsal noch Getreide angebaut wurde, sieht man heute Wiesen und viele Schafe. Soweit die kleinen Bergdörfer nicht ohnehin verlassen sind, suchen sich die Bewohner eher Arbeit in der nächstgelegenen Stadt. Die Armseligkeit des Spätenwalder Winkels war sprichwörtlich in der Grafschaft. Wer Schwierigkeiten hatte, einen ordentlichen Bartwuchs vorzuweisen, der wurde gehänselt: »Sei Boart stieht wie 's Speetawälder Geträide!« Die Spätenwalder aber ließen sich's nicht verdrie-

Rossmäsler: Brunnplatz in Kudowa (1841)

ßen. Wie zäh sie an ihrem kargen Boden hingen, zeigt eine gar nicht so lustige Geschichte.
1880 und 1882 hatten wieder einmal sturzflutartige Regengüsse und Hagelstürme die Ernte vernichtet, eine Reihe Häuser weggerissen, auch Tote gefordert. Auf weiten Flächen war die dürftige Ackerkrume heruntergespült, und der blanke Fels trat zutage. Der Staat traf energische Anstalten, die Bewohner umzusiedeln. Aber da kam er schlecht an! Auf dem Rücken trugen sie Korb für Korb die abgeschwemmte Erde wieder hinauf und blieben, wo sie seit Menschengedenken »derheeme« waren.
Unser nächstes Ziel ist Habelschwerdt, der zweite Hauptort der Grafschaft, ein bißchen hochtrabend auch das »Glätzische Rothenburg« genannt. Obwohl die alte Stadtbefestigung zu wesentlichen Teilen schon um die Mitte des vorigen Jahrhunderts beseitigt worden ist, hat die Stadt ihr malerisches, altfränkisches Bild bewahren können. Das wird am augenfälligsten vom östlich über der Neiße gelegenen Floriansberg aus. Von hier schaut man direkt auf die über dem Fluß steil ansteigenden Gäßchen und auf die ineinander

Einsiedelei bei Reinerz, Kr. Glatz

verschachtelten Dächer mit den wuchtigen Stadttürmen dazwischen. Unwillkürlich vergleicht man mit den verspielten Abbildern orientalischer Städte in den Weihnachtskrippen und versteht, daß ein Besucher einmal von der »Krippenstadt« Habelschwerdt gesprochen hat.
Auf dem Floriansberg, im Angesicht seiner Heimatstadt, fand Hermann Stehr seine letzte Ruhestätte. Auch er war wie Joseph Wittig tief in der hintergründigen Mystik des Glatzer Menschen befangen, allerdings grüblerischer und von bohrendem Zweifel gequält. In seinem autobiographischen Roman »Drei Nächte« versuchte er, sich davon zu befreien. Hier findet sich auch der bezeichnende Satz, »nun bin ich mein eigener Vater geworden, mein Sohn und mein heiliger Geist«, der ihn mit der Tradition all der schlesischen Gottsucher seit Jakob Böhme verbindet.
Versteckt im Neißetal und im Grün seiner Wälder, führte Bad Langenau, das kleinste der Glatzer Bäder, ein rechtes Aschenputtel-Dasein und war doch gerade wegen seiner Abgeschiedenheit und Stille ein Ort, der nachhaltige Kurerfolge versprechen konnte. Im Volksglauben hatte sich die Sage erhalten, hier sei vor langer Zeit nach Gold gegraben worden, ein »böser Geist« habe aber die Bergleute vertrieben. Auch dafür gibt es einen ganz realen Hintergrund: Hier hatte im 16. Jahrhundert ein Breslauer Handelshaus eine Alaungrube betrieben, das Werk aber später wieder aufgegeben, weil starke Ausbrüche von Kohlensäure – der »böse Geist« – die Arbeit behinderten. Tatsächlich haben die Mineralquellen von Langenau mit 3,5 v. H. einen ungewöhnlich hohen Gehalt an Kohlensäure.
Während wir uns so auf das obere Ende des Neißetales zubewegt haben, begleiteten uns am östlichen Horizont die dunklen Waldkämme des Schneegebirges, über denen schwer der mächtige Leib des Glatzer Schneebergs lagert. Mit 1425 m Höhe ist er Schlesiens zweithöchster Gipfel, ein Gipfel allerdings, der mehr einer Hochfläche gleicht. Weil er so enttäuschend wenig Aussicht bot, hatte ihm die burgenfreu-

dige Zeit der Jahrhundertwende einen zinnenbewehrten steinernen Turm aufgesetzt. Mangelnde Pflege in der Nachkriegszeit hat ihn morsch werden lassen, so daß er 1973 wieder beseitigt worden ist. Ganz Deutschland kennt das alte Glatzer Volkslied:

»Und in dem Schneegebirge,
da fließt ein Brünnlein kalt,
und wer das Brünnlein trinket,
wird jung und nimmer alt.«

Daß gerade dieses Lied aus dem Schneegebirge kommt, ist kein Zufall; denn der Volksglaube hat sich schon immer mit den geheimnisvollen Wasserkräften um den Großen Schneeberg beschäftigt und dabei intuitiv Deutungen gefunden, für die unsere nüchterne Wissenschaft erst jetzt rationale Erklärungen liefert.

So erzählte man sich in den Dörfern, der Große Schneeberg sei in seinem Inneren ganz und gar mit Wasser angefüllt. Eines Tages werde dieser gewaltige Wasserkessel bersten, die ganze Grafschaft überfluten und in ein Meer verwandeln, wie sie es in früherer Zeit gewesen sei.

Nun haben nicht nur die Geologen schon vor längerer Zeit herausgefunden, daß das Glatzer Becken zusammen mit dem Waldenburger Land als »Innersudetische Mulde« Meeresboden gewesen ist; nicht nur ist der Schneeberg auch eine wichtige europäische Wasserscheide, wo nur wenige hundert Meter voneinander entfernt drei Quellen ihre Wasser nach drei Meeren entsenden: die March über die Donau zum Schwarzen Meer, die Stille Adler über die Elbe zur Nordsee und die Wölfel über Glatzer Neiße und Oder zur Ostsee; verblüffender noch bestätigte sich der Glaube des Volkes, als 1966 in Klessengrund riesige Höhlen entdeckt wurden. Soweit sie bis jetzt erforscht sind, erstrecken sie sich in drei Ebenen übereinander und bilden vermutlich nur die Vorräume zu einem gigantischen unterirdischen Labyrinth, das

Balzer: Bad Landeck in Schlesien

sich im Schneebergmassiv bis hinüber zur mährischen Seite zieht.

Wölfelsgrund am Fuße des Schneebergs war gewiß die beliebteste und bekannteste »Sommerfrische« der Grafschaft. Ungeachtet des Besucherstroms hatte sich das »siebazippliche Welsgrund« – wie es die Einheimischen wegen der hier zusammentreffenden engen Talgründe nannten – viel vom ursprünglichen Charakter des weltabgeschiedenen Bergdorfes bewahrt. Zwischen den bescheidenen Pensionen und Hotels standen noch immer die kleinen Holzhäusel der Waldarbeiter und klapperte eine alte Sägemühle.

Nach einer guten Stunde steilen Aufstiegs erreichte man von Wölfelsgrund aus das Wallfahrtskirchlein Maria Schnee auf dem Spitzigen Berg, eine der liebenswertesten Pilgerstätten im Glatzer Herrgottsländchen. Sein Gnadenbild ist eine Kopie der Gottesmutter in Mariazell. Dort in der Steiermark soll ein Wölfelsdorfer Bauer wunderbare Hilfe erlangt und danach in seiner Heimat aus Dankbarkeit das Gnadenkirchlein errichtet haben. Die »Schneemadonna« war ganz nach dem Herzen der Grafschafter. Sie wurde schnell volkstümlich. Häufig hörte man, wie in den Dörfern die Mädchen

F. G. Endler: Der Hummelberg bei Hummelstadt, Kr. Glatz

beim Vornamen Maria Schnee oder auch Bianka Maria gerufen wurden. Mannigfaltig waren die Sorgen, welche die frommen Pilger zur Madonna auf dem Spitzigen Berge trugen und rührend die in Einzelstücken noch heute erhaltenen Votivbilder, die sie ihr darbrachten. Eines der ältesten enthielt die Inschrift:

> »Joseph Ruprich von Wölfelsdorff hat Zuflucht genommen aus der Badalge:
> O heilige Maria vom Spitzigen Berge,
> steh mir bei in meiner äußersten Not.«

Es zeigte einen bedrängten Reiter in der Schlacht (»Badalge«!) vom 18. August 1806 und darüber in Wolken die schützende Gottesmutter.

Viele Wege führten zum Schneeberg hinauf. Mochte der Anstieg von Wölfelsgrund auch der kürzeste und beliebteste sein, schöner und abwechslungsreicher waren die Wanderungen vom alten Bergstädtchen Wilhelmsthal über die Schneebergstraße oder von Klessengrund über den Puhu und zum Schluß die enge und steile »Gänsegurgel« hinauf. In einem heißen Sommer haben wir einmal den allerlängsten Weg gesucht und sind in Landeck losmarschiert, von morgens bis in den späten Nachmittag hinein durch die stillen Wälder des Bielengebirges, wo wir außer einigen Beerenweiblein keiner Menschenseele begegnet sind, bis wir in das weltabgeschiedene Bielendorf hinunterkamen mit seinen weit verstreuten Holzhäuseln. Die Wiesen standen noch voller »Glatzer Rosen« – so hießen hier die Trollblumen.

Am nächsten Morgen ging's hinauf zum Saalwiesen-Urwald. In mehr als 1000 m Höhe war ein 20 ha großes Waldstück seit Jahrzehnten von jeglichem forstlichen Eingriff freigehalten worden. Man wollte erkunden, wie sich ein Bergwald unter natürlichen Bedingungen entwickelt. Buchen, Fichten, Bergahorn und Ebereschen hatten einen herrlich abwechslungsreichen Mischwald gebildet mit so dichtem Unterholz, daß es kein Durchkommen gab. Üppig schoß das frische Holz aus den modrigen Stämmen alter, umgestürzter Baumriesen hervor. Noch einmal liefen wir den ganzen Tag bergauf, bergab, an den Steinen der Grenze entlang, bis endlich der riesige Buckel des Schneebergs vor uns lag.

Inmitten dieser menschenfernen Bergwälder, umgeben vom Reichensteiner und vom Bielengebirge liegt Landeck, die Perle der schlesischen Bäder. Wie in Reinerz müssen wir auch in Landeck unterscheiden zwischen dem verträumten Städtchen mit seinen so österreichisch anmutenden barocken Laubenhäusern, mit der Dreifaltigkeitssäule am Ring, der Nepomukfigur auf der alten Bielebrücke und dem ein wenig oberhalb gelegenen Kurviertel mit modernen Badehäusern und Kuranlagen. Landeck war das älteste der Glatzer Bäder. Sein Ruf gründete sich auf die radiumhaltigen warmen Schwefelquellen, die Gicht- und Rheumakranken Heilung verhießen.

Friedrich der Große ist Landecks berühmtester Kurgast gewesen. Nach den Strapazen des Siebenjährigen Krieges suchte er 1765 Linderung für sein Gichtleiden. Mißtrauisch

hatte er zunächst einmal seinen Kammerdiener in das abschreckend riechende, schweflige Wasser vorausgeschickt, ehe er selbst in den Zuber stieg. Eine solche Badekur war beileibe kein Vergnügen. Bis zu sechs Stunden mußten die Kranken im Wasser aushalten. So klagte denn auch der Preußenkönig in einem Brief an de Catt: »Ich schreibe Ihnen vom Wasser aus, mein Lieber, worin ich mehr lebe als auf dem Lande, und fange an, Fisch oder Ente zu werden, weiß jedoch selbst nicht recht, welches von beiden. Was werden unsere guten Berliner sagen, wenn sie mich mit Muscheln bedeckt und mit Flossen geschmückt sehen werden?«
Doch die Kur muß angeschlagen haben. Schon vier Wochen später hieß es in einem anderen Brief: »Die Bäder von Landeck haben mir den Gebrauch meiner Füße wiedergegeben und gegenwärtig scheint es mir fast, als habe ich nie die Gicht gehabt.«
Wie wenig komfortabel solche Badeprozedur zu jener Zeit war, ließ sich an der Wanne erkennen, die der Alte Fritz benutzt hatte. Sie wurde noch lange in Landeck aufbewahrt. Die Zeitgenossen scheint der hohe Besuch ziemlich kalt gelassen zu haben. Auf die Frage des Königs an seinen Wirt, ob ihm die Österreicher oder die Preußen lieber seien, erhielt er die Antwort: »'S brengt halt keener woas mitte!«
Nur ein halbes Jahrhundert später hatte sich Landeck zu einem ausgesprochenen Modebad entwickelt. Selbst als die napoleonischen Stürme über Europa dahinbrausten, fanden Schlesiens mondäne Welt und der böhmische Adel hier ein windgeschütztes Plätzchen, wo man bei Konzerten, Réunions und Theatervorstellungen den Kummer der Welt vergessen konnte. Einer, der darin keinen Spaß verstand, beklagte den Sittenverfall: »Beide Geschlechter baden zugleich und ein weibliches Geschöpf, das wahrhaft schamhaft nach Landeck kommt, muß unvermeidlich minder schamhaft von da zurückkehren.« Das einfache Volk durfte sich in den Abwässern der Badehäuser tummeln, sofern diese Wässer nicht noch im »Pferdebad« gebraucht wurden. Tatsächlich bot man auch den edleren Vierbeinern eine Gelegenheit, »Steifigkeit der Schenkel, geschwollene Füße, Mauke und Knoten der Gelenke« auszukurieren, wie es der Badearzt Dr. Burghard empfahl.

VON REICHENSTEIN ZUM STEINE-REICHEN STREHLEN

Von Landeck steigt eine einsame Waldstraße über die Paßhöhe hinüber zu dem Städtchen Reichenstein, das einmal eine »freie Bergstadt« gewesen ist und das seine goldhaltigen Steine wirklich einmal reich gemacht haben, wenn auch nur für sehr kurze Zeit. Die Kunde vom schlesischen Gold muß vor undenklicher Zeit bis in die Mittelmeerländer gedrungen sein. Man spricht davon, daß schon um 2000 v. Chr. Goldsucher aus Kreta über die Karpaten bis nach Schlesien und Thüringen gekommen sind. In Alt Altmannsdorf, etwa 20 km von Reichenstein entfernt, wurde tatsächlich eine kupferne Kreuzhacke gefunden, die aus dem kretischen Kulturkreis stammt.

F. G. Endler: Schloßruine Karpenstein, Kr. Habelschwerdt

Sicher wissen wir, daß in Reichenstein Gold geschürft wurde, als die Stadt um die Mitte des 13. Jahrhunderts zum Besitz des Klosters Kamenz gehörte. Zwischen 1520 und 1550 sollen 145 Schächte, Stollen und Gruben in Betrieb gewesen sein. Damals besaß Reichenstein eine eigene Münzstätte. 20000 Dukaten sind in ihr geprägt worden. Doch diese Blütezeit war kurz, die ergiebigen Lagerstätten schnell erschöpft. Als 1565 der wichtigste Schacht, der »Goldene Esel«, einstürzte und 90 Bergleute dabei umkamen, stiegen die Fugger, denen fast die Hälfte der Gruben gehört hatte, Hals über Kopf wieder aus. Der Abbau ging zurück und wurde bald ganz eingestellt.
Dafür begann man im 18. Jahrhundert Arsenik zu gewinnen. 1701 entstand in Reichenstein die erste Arsenhütte der Welt. Gold fiel seither nur noch als Nebenprodukt an, ganze drei Gramm pro Tonne Roherz. Aber man weiß, daß sich die Hohenzollern ihre Trauringe aus Reichensteiner Gold anfertigen ließen.
Ein liebenswürdiger Brauch hatte sich in Reichenstein bis zum Jahre 1945 erhalten. Er ging auf eine alte Geschichte,

F. G. Endler: Eiserner Obelisk bei Ullersdorf, Kr. Glatz

einen verhinderten Mädchenraub zurück, von dem man sich im Volke erzählte. Da sollte vor Zeiten ein schlimmer Edelmann ein Auge auf die Tochter seines Erzfeindes geworfen haben, der auf der Reichensteiner Burg saß. Ohne sich zu erkennen zu geben, verdingte er sich als Knappe bei dem Edelfräulein. Während eines Spazierritts sollten seine Knechte aus dem Hinterhalt mit ihm gemeinsam die Schöne entführen. Aber ein treuer und wachsamer Diener der jungen Dame hatte von dem Plan gehört. Mit dem Läuten einer Glocke rief er Hilfe herbei und vereitelte den Überfall. Seither bimmelte sommers wie winters an jedem Abend das »Neuneglöckel« zur Erinnerung an diesen Vorfall.
Von den Höhen um Reichenstein geht der Blick weit hinaus in die schlesische Ebene. Er fängt sich am Harteberg bei Kamenz, wo das mächtige Hohenzollernschloß seine vier runden Ecktürme emporreckt. Wir nannten es respektlos die »umgedrehte Ritsche« und meinten, es sehe aus wie eine auf dem Rücken liegende Fußbank mit vier nach oben stehenden Füßen. Den Kamenzer Schloßbau hatte Karl Friedrich Schinkel entworfen. Fast 40 Jahre lang, von 1838 bis 1873, wurde daran gebaut, bis die respektable Anlage mit nahezu 100 Zimmern und Sälen fertig war.
Den Landschaftspark mit ausgedehnten Terrassen, Laubengängen, Wasserkünsten und einer mehr als 30 Meter hohen Fontäne entwarf der Berliner Generaldirektor der königlich preußischen Gärten Lenné. Der Park war auch der Öffentlichkeit zugänglich. Von hier hatte man einen prächtigen Ausblick auf die Glatzer Berge. Friedrich den Großen hat das Panorama angeblich zu dem Ausspruch verleitet: »Wir haben hier die schönste Aussicht in Schlesien, es ist die reizendste Gegend der Welt.« Doch muß man das nicht so genau nehmen. Der gleiche Ausspruch ist auch von anderen Orten bezeugt.
Bestimmt aber war der Preußenkönig öfter Gast in der Zisterzienserabtei am Fuß des Berges. Zu dem geistvollen, überaus klugen und weltoffenen Abt Tobias Stusche pflegte

er ein nahezu freundschaftliches Verhältnis. So spricht einiges dafür, daß die oft und gern erzählte Geschichte von der wunderbaren Errettung des Preußenkönigs vor der Gefangennahme durch die Österreicher keine Erfindung ist. Während des Zweiten Schlesischen Krieges soll sich Friedrich in Kamenz aufgehalten haben, als sich eine Husarenpatrouille dem Kloster näherte. Kurz entschlossen warf der Abt dem König ein Chorhemd über und ließ ihn so verkleidet zusammen mit den Klosterbrüdern die Mette singen. Die Reiter mußten wieder abziehen, ohne den König entdeckt zu haben.
Das Kloster in Kamenz ist eines der ältesten in Schlesien. Es wurde schon 1210 mit Augustiner-Chorherren besetzt, die aber 1246 Zisterziensern aus Leubus weichen mußten. Etwa 100 Jahre später entstand der großartige Kirchenbau. Wer vor seinem vierschrötigen, ganz aus Natursteinen aufgeschichteten Mauerwerk steht, denkt unwillkürlich an die frühen Zisterzienserbauten der Provence. In seltsamem Gegensatz dazu steht die verwirrende Vielfalt des barocken Inneren mit dem riesenhaften Hochaltar. Die von dem Norweger Thomas Weißfeld geschnitzten Figuren der Vierzehn Heiligen Nothelfer an den Arkadenpfeilern gehören zu den bedeutendsten Bildwerken Schlesiens. Wolfgang Braunfels sieht in ihnen einen »Manierismus von großer Ausdruckstiefe und einem Übermaß an Faltenbewegungen, ohne Vergleichsbeispiele«.
Das Herzogtum im Hügelland zu Füßen des Eulengebirges hatte zwei Residenzen, die miteinander wetteiferten: Frankenstein und Münsterberg. Mit seiner Burg sicherte Frankenstein die Straße von Prag nach Breslau. Heiße Kämpfe tobten hier während der Hussitenkriege und wenig später, als die Breslauer in ihrem Widerstand gegen Georg von Podiebrad die Burg mit schwerem Geschütz beschossen, »sonderlich mit einem großen Stück 80 Centner schwer, einen Stein von zwei Centner schießende, so man auf einem starcken Wagen mit 24 guten Rossen aus Breslau zugeführet«.
Später hat Herzog Karl I. von Münsterberg-Oels ein neues

F. G. Endler: Reichenstein, Kr. Frankenstein (1819)

Schloß erbauen wollen. Die Pläne dazu ließ er von dem berühmten Baumeister des Wladislaw-Saales auf dem Hradschin anfertigen. So großartig sollte der neue Bau werden, daß er alle bisher in Schlesien gebauten Burgen überträfe. Aber dem Bauherrn ging bald das Geld aus. Die Burg blieb ein Torso, bis sie am Ende des Dreißigjährigen Krieges zur Ruine wurde. Die Trümmer aber geben noch immer eindrucksvoll Zeugnis von der Bedeutung, die der Anlage ursprünglich zukommen sollte.
In Friedrich Bernhard Werners »Topographia Silesia« von 1760 findet sich eine wundervolle Federzeichnung des Stadtbildes aus der Vogelschau. Wie aus der Spielzeugschachtel aufgebaut, ist hier Haus für Haus detailgenau dargestellt. Es gibt kaum ein klareres Beispiel für die Anlage einer schlesischen Stadt. Die von West nach Ost und von Nord nach Süd laufenden Landstraßen treffen sich am Ring. Ihre Koordinaten bestimmen das schachbrettartige Straßensystem. Mitten auf dem Ring steht das Rathaus mit einem hohen Turm. Die landesherrliche Burg ist an den Rand gerückt und in die Stadtbefestigung eingefügt.

F. G. Endler: Wasserfall bei Dirsdorf, Kr. Reichenbach

Vom Ring abgesetzt steht in einer Seitenstraße die Pfarrkirche St. Anna mit einem freistehenden Glockenturm. Als »Schiefer Turm von Frankenstein« ist er in ganz Schlesien bekannt gewesen. 1598 hatte er damit begonnen, sich immer bedenklicher über die Gasse zu neigen. Deshalb versuchte man, ihn durch zwei senkrecht aufgemauerte Stockwerke wieder ins Lot zu rücken. Doch das gab ihm erst recht ein nahezu groteskes Aussehen.

Wer heute zur Annenkirche kommt, findet die schönen Epitaphien fast durchweg mit einer Zementschicht überkleistert. Nach Kriegsende hat man eifrig versucht, auf diese Weise jede Erinnerung an die jahrhundertealte deutsche Vergangenheit auszulöschen. Inzwischen ist die Deckschicht längst wieder in großen Flächen abgefallen. Unwillkürlich denkt man an Friedrich von Logau, der nicht weit von hier geboren ist, und an seine unvergängliche Spruchweisheit:

> »Ob die Wahrheit sich verkrochen,
> die Zeit, die wird sie suchen;
> sie wird sie wohl auch finden,
> sie bleibet nicht dahinten.«

Münsterberg war die ältere der beiden rivalisierenden Residenzstädte. »Von Münsterberg könnte man lange erzählen«, sagt Will-Erich Peuckert und setzt hinzu, »ich glaube, es ist einst sehr schön gewesen.« Es war ein Ackerbürgerstädtchen. Der Hopfenanbau war seine Besonderheit, bis 1881 wurde regelmäßig Hopfenmarkt abgehalten. Später gab es eine bedeutende Konservenfabrik. Ein Tonröhrenwerk hatte Kunden weit über Deutschlands Grenzen hinaus bis nach Rußland.

Die Münsterberger mögen mir verzeihen, wenn ich ihre schöne Stadt mit einer Erzählung vorstelle, die sie in die Nähe von Schilda rückt. Aber diese Geschichte zeigt sie von ihrer liebenswerten Seite und verrät zugleich etwas vom schlesischen Wesen, das mit heroischen Heldentaten nicht viel im Sinn hatte.

Als der Ungarnkönig Matthias Corvinus mit König Georg von Podiebrad um Schlesien stritt, zog auch die bischöfliche Streitmacht der Neisser gegen Münsterberg zu Felde. Sie kamen vor die Stadt und begehrten Einlaß. Aber vor dem gewaltigen Patschkauer Torturm standen sie doch ein wenig ratlos. Heute noch versperrt er gravitätisch die volle Straßenbreite, und man kann sich vorstellen, wie die Münsterberger damals höhnisch von seinen Zinnen auf das Häuflein der Angreifer hinuntergesehen haben. Da fingen die Mannen aus Neisse an zu drohen: Sie würden den ganzen dicken Turm mitsamt seiner Besatzung in die Luft sprengen. Nun lachten die tapferen Münsterberger noch mehr und hielten sich die Bäuche: »Nu, mit was denn, hä?« Jetzt aber riefen die Neisser, sie hätten richtiges Pulver und wiesen ein ganzes faustgroßes Säcklein vor! Da blieb den Verteidigern das Lachen im Halse stecken. Richtiges Pulver und gleich ein ganzes Säcklein!

Sie ratschlagten und befanden, ihr Turm sei viel zu schade, ihn leichtfertig aufs Spiel zu setzen; solches Heldentum zahle sich nicht aus, und die Neisser wären ja eigentlich gar keine so üblen Leute. Kurz, sie ergaben sich auf Gnade oder Ungnade

aus Respekt vor dem bissel Pulver. Die Krieger aus der Nachbarstadt zogen ein und nahmen später ein Andenken mit: den steinernen Löwen am Patschkauer Torturm. Noch heute ist er in Neisse am Berliner Tor zu sehen. In Schlesien aber sagt man seither von einem, der die Flinte gar zu schnell ins Korn wirft, »er ergibt sich wie Münsterberg«.
Den Münsterbergern tut die Geschichte gewiß Unrecht. Aber der Schlesier erkennt sich in ihr wohl selber wieder. Wenn es ihm nicht gar so wichtig war, ließ er dem anderen seinen Willen und brummte höchstens: »Nu, laß'n ock; er wird schun sähn!« Wenn ihm aber etwas viel bedeutete, konnte er so hart und entschlossen sein wie jeder andere auch. Dazu gleich ein Gegenbeispiel, ebenfalls aus Münsterberg.
Als zu Anfang des 15. Jahrhunderts die verbrieften Rechte der deutschen Studenten an der Prager Universität von hussitischen Tschechen bestritten wurden, stellte sich ihnen Johannes Otto von Münsterberg an der Spitze der deutschen Professoren und Studenten entgegen. Erst als für sie das Leben in Prag unerträglich geworden war, führte sie Johannes Otto nach Leipzig und wurde dort der erste Rektor der 1409 gegründeten Universität.
Heinrichau, nur eine gute Wegstunde nördlich Münsterbergs an der Straße nach Breslau gelegen, ist eine Schatzkammer schlesischer Kunst, dazu dank glücklicher Fügung nahezu unversehrt erhalten geblieben. Es ist das älteste Zisterzienserkloster in der von Leubus ausgehenden Filiationsreihe. Seine Gründungsgeschichte verdient erzählt zu werden.
Domherr Nikolaus, zugleich Notar Herzog Heinrichs I., besaß am oberen Ohlelauf eine Reihe von Dörfern, dazu ausgedehnte Wälder. Das Ganze aber war herzogliches Lehen. Vor seinem Tode wollte Nikolaus diesen Besitz den Zisterziensern zur Anlage eines neuen Klosters schenken, bedurfte dazu aber natürlich der Zustimmung Heinrichs I. So lud er zusammen mit dem Herzog auch die Bischöfe von Breslau, Posen und Lebus zu einem Gastmahl ein. Dabei trug er dem Herzog zu vorgerückter Stunde, als ihm die Stimmung günstig schien, sein Anliegen vor. Der Herzog mag sich ein wenig überrumpelt gefühlt haben, machte aber das Beste daraus, indem er bestimmte, die neue Gründung solle als Stiftung seines Sohnes Heinrich gelten und dessen Namen tragen. Das waren die Anfänge des Klosters Heinrichau.
Schon wenige Jahre später vernichtete der Mongoleneinfall das junge Werk. Aber unermüdlich begannen die Mönche von neuem. Wie schwer diese ersten Jahre gewesen sind, schildert in allen Einzelheiten das »Heinrichauer Gründungsbuch«, ein Geschichtsdokument von einzigartigem Wert. In ihm berichtet einer der ersten Mönche und späterer Abt des Klosters über die Aufbauzeit und gibt ein deutliches Bild von den Lebensumständen in diesen frühen Jahren der deutschen Besiedlung Schlesiens.
Die Klosteranlagen umschließen einen weiten Bezirk mit einem herrlichen Park am Rande des Dorfes. Den Zugang aber finden wir inmitten der Dorfstraße. Er öffnet sich unter einem unscheinbaren Torhaus, das von seiner überschweren Zwiebelhaube fast erdrückt wird. Langgestreckte Wirt-

E. v. Kornatzki: Schloß Kamenz, Kr. Frankenstein

schaftsgebäude zeugen vom ausgedehnten Landbesitz, den die Mönche bewirtschaftet haben. 30000 Morgen hatten sie unter dem Pflug. Haben wir die zweite Durchfahrt hinter uns gelassen, stehen wir in dem parkartigen Vorhof mit der Wolkensäule vor dem bunten und doch so harmonischen Stilgemisch der Kirche und des Klosters.
Wer in die Kirche tritt, mag überrascht sein von der scheinbaren Enge des Raumes. Das große Chorgestühl verkürzt gemeinsam mit dem Hochaltar aus dunklem Holz den Raum optisch so stark, daß seine Längenausdehnung gar nicht erkennbar wird. In Wahrheit aber ist diese älteste erhaltene Zisterzienserkirche in Schlesien mit 61 m Länge ein sehr stattlicher Bau. Ihr Chor ist sogar – ganz ungewöhnlich für einen Zisterzienserbau – fünfschiffig angelegt. Ähnlich wie in Trebnitz verschwindet der gotische Raum fast völlig unter den Zutaten der Barockisierung im 17. Jahrhundert. Aus dieser Zeit stammen die großen Lünettenbilder von Michael Willmann.

Kloster Heinrichau, Kr. Frankenstein, Toreingang

Bei einem Rundgang besuchen wir zuerst die nördliche der drei Kapellen hinter dem Ostchor, die Dreifaltigkeitskapelle. Ihr schönster Schmuck sind die kunstvollen Girlanden aus Stuck, die Konsolen, Pilaster und Bilderrahmen mit köstlichen Blumenranken bekränzen, »als habe die Hand einer zartempfindenden Gärtnerin hier gewaltet« (Günther Grundmann). In der benachbarten Magdalenenkapelle steht ein schönes Zeugnis mittelalterlicher Grabmalkunst, die Tumba des Münsterberger Herzogspaares Bolko und Jutta. Die monumentale Starre früherer Grabmäler ist hier einer leichten, fast tänzerischen Haltung gewichen.
Heinrichaus wertvollster Schatz ist das Chorgestühl, unzweifelhaft das schönste in Schlesien, nachdem das Leubuser Gestühl im Nachkriegschaos untergegangen ist. In seiner barocken, überschäumenden Vielfalt wirkt es so verwirrend, daß man ein wenig Zeit braucht, seinen Aufbau im einzelnen zu verstehen. In drei Zeitebenen läßt sich an ihm deutsche Geistesgeschichte aus drei Jahrhunderten ablesen.
Im Kern wurde es schon 1567 aus mächtigen Eichenbohlen gefügt, noch ganz im bürgerlich soliden Sinn des Reformationszeitalters. Mehr als hundert Jahre später, nachdem die große Not des Dreißigjährigen Krieges überwunden war, hat Abt Heinrich Kahlert die 36 Reliefs mit Szenen aus dem Leben Jesu in der Rückwand anbringen lassen, zusammen mit den monumentalen Figuren auf den Trennwänden. Noch wirkte die schwere Zeit des großen Krieges nach, strebte die Kirche nach Verinnerlichung im Glauben. Ein ergreifendes Symbol dieser Haltung ist die Gestalt des heiligen Benedikt. Tief versunken in die Lektüre eines heiligen Textes in seiner rechten Hand, umfaßt er mit der Linken den Aaronstab in einer geistesabwesenden Geste mit seltsam abgespreiztem Zeigefinger, als sollte die Erfahrung seiner inneren Gottesgewißheit von diesem Finger wie ein Funke überspringen auf den Betrachter.
Nur 30 Jahre später fügt das beginnende 18. Jahrhundert das überschäumende Akanthusblattwerk, die prallen Kinderlei-

ber der Putten und die leuchtenden Köpfe der Sonnenblumen hinzu. Keine Spur mehr von Verinnerlichung. Die Kirche hat sich der Welt zugewandt.
Wie eine kostbare Agraffe schließt die Orgel mit ihren drei Baßtürmen die Westwand ab. Als verkleinertes Abbild hängt davor an der Orgelempore das Rückpositiv. Beim Hinausgehen würdigen wir noch einmal das schöne Ensemble von Kirche und Kloster, gehen noch ein paar Schritte durch den Park und fahren weiter in die Ebene hinaus.
Drüben im Westen thront hoch über dem Steilufer der Lohe das kleine Städtchen Nimptsch, um dessen Frühgeschichte deutsche und polnische Historiker im Streit liegen. Niemand wird bezweifeln, daß dieser für eine deutsche Zunge schwierige Ortsname slawischen Ursprungs ist, aber ebenso unbestritten führt seine polnische Form »Niemcza« auf die polnische Bezeichnung für einen Deutschen hin: »Niemec«. Schon 1017 vermutete Thietmar von Merseburg, der Name dieses befestigten Ortes rühre daher, daß er »dem Vernehmen nach von den Unsrigen gegründet worden sei«. Es spricht viel für die Ansicht, Stammesangehörige der Silinger, die den Zug ihres Volkes nach Westen nicht mitgemacht hatten, seien hier zurückgeblieben und hätten Nimptsch zu ihrem Hauptort gemacht, bis um 600 n. Chr. slawische Stämme nachrückten und dem Ort seinen Namen gaben.
Mit neuen Grabungen versuchte man in der Nachkriegszeit Belege zu finden, um diese These zu erschüttern. Das gelang ebensowenig wie zuvor der unangreifbare Nachweis einer alten germanischen Ansiedlung durch deutsche Archäologen. Der Streit darüber, sofern er etwas über Besitzansprüche von heute aussagen soll, scheint mir so müßig wie die berühmte Frage, wer zuerst dagewesen sei, das Ei oder das Huhn. Wichtiger ist es, nach den Menschen und ihrer Kultur zu fragen, die das Gesicht Schlesiens in den vergangenen acht Jahrhunderten geprägt haben.
Detlef von Liliencron hat Schlesien das Land der sechshundertsechsundsechzig Dichter genannt, und Hugo Hartung

F. G. Endler: Nimptsch, Kr. Reichenbach

meinte gar, eine Landkarte Schlesiens, in der alle Geburtsorte von Dichtern – den wirklichen und den vermeintlichen – mit einem roten Punkt bezeichnet wären, müßte aussehen »als ob sie Scharlach hätte«. Zwei Große aus der Zahl der Sechshundertsechsundsechzig kommen aus Nimptsch und seiner Umgebung. Der eine, Daniel Casper von Lohenstein, war ein vornehmer Herr, weitgereist und hochgebildet. So sind auch die Dramen dieses berühmten Barockpoeten höchst gekünstelt und bildungsbeflissen, für uns Heutige kaum noch genießbar. Da ist der andere, Friedrich von Logau, 1604 in Dürr-Brockut unweit von Nimptsch geboren, aus ganz anderem Holz geschnitzt. Schon zweimal – in Brieg und in Frankenstein – ist er zu Wort gekommen; wir wollen ihn noch einmal hören, weil er immer wieder Verse von so herrlich ungekünstelter Frische und schlichter Lebensweisheit gefunden hat:

MAY

Dieser Monat ist ein Kuß, den der Himmel gibt der Erde,
Daß sie jetzund seine Braut, künftig eine Mutter werde.

WAHRHEIT UND LÜGEN
Die Wahrheit ist ein Öl, die Lügen Wasser; schwimmt
Doch endlich obenauf, wie viel man Wasser nimmt.

GEITZHALS
Den Geitzhals und ein fettes Schwein
Schaut man im Tod erst nützlich seyn.

Im Rummelsberg kurz vor Strehlen wirft sich das Hügelland ein letztes Mal zu einem bescheidenen Gipfel auf, ehe seine Wellen sanft zur Oder hin ausrollen. Die Burg dort oben war im ausgehenden Mittelalter ein übles Raubnest. Die Breslauer haben es schließlich ausgeräuchert und gründlich zerstört. Später brach man an seinem Fuß schönen graublauen Marmor; als »Prieborner Marmor« wurde er beim Bau von Schlössern und Kirchen in Schlesien hoch geschätzt.
Die Stadt Strehlen ist wegen ihrer Granitbrüche bekannt. Vielleicht sind sie wirklich die größten in Europa gewesen, wie es gern behauptet wurde. Sie lieferten jedenfalls außerordentlich hartes, dauerhaftes Straßenpflaster. Es war in den Städten begehrt, solange Pferdefuhrwerke die wichtigsten Verkehrsteilnehmer blieben. Damals rühmte sich Strehlen als bestgepflasterte Stadt Deutschlands.
Heute steht der Besucher erschüttert vor dem grausigen Zustand dieser Stadt, die wir früher ein wenig ironisch die steine-reiche nannten. In der Innenstadt ist – vom Klarenkloster und seiner Kirche abgesehen – buchstäblich kein Haus stehengeblieben. Radikal ist die gesamte alte Bausubstanz beseitigt. Weit abgerückt stehen monotone Beton-Wohnblocks um den leeren, öden Ring. Kein Baum, kein Strauch, so weit man sieht. Nur selten ein Mensch, der die schreckliche Leere erst richtig spüren läßt. Wie anklagend ragt der tür- und fensterlose Stumpf des Rathausturmes von aller Welt verlassen in den Himmel. Nur das alte Pflaster... Ja, das Strehlener Granitpflaster hat die Zeiten überdauert! Hier bekommt das Wort von den Steinen, die in Schlesien noch immer deutsch reden, einen entsetzlich neuen Sinn.

F. G. Endler: Strehlen

RÜCKKEHR ZUM ZOBTEN

Nordwärts von Strehlen dehnt sich frucht- und ernteschwer die schlesische Ebene. Im Osten beginnt sie im Dreieck Ohlau – Brieg – Wansen. Auch von Wansen gibt es viel zu erzählen. Sein Ring war so riesig, daß alle Häuser des kleinen Städtchens ganz gewiß darauf Platz gehabt hätten. Es war nicht nur die »Zigarrenmacher-Stadt« und die Stadt des »Wansener Knasters«, nein – die Wansener wetteiferten sogar mit Liegnitz um den Ruhm, die tüchtigsten Gurkenzüchter zu sein. Lassen wir's dahingestellt, ob »Wansener Honiggurken« wirklich die besseren gewesen sind; auf lautstarke Reklame verstanden sich die Leute aus Wansen ganz bestimmt:

»Wansen ist diejenige Stadt,
wo's die schönsten Gurken hat.«

So tönte es von ihren Ansichtskarten. Ein bissel unvorsichtig müssen die Wansener früher mit ihrem Feuer umgegangen sein. Freilich werden auch die Kaiserlichen und die Schweden während des Dreißigjährigen Krieges das Ihrige dazu getan haben, wenn die Chronik in den achtzig Jahren zwischen 1606 und 1686 allein zehn verheerende Stadtbrände verzeichnet. Zur Abhilfe fanden die wackeren Bürger ein todsicheres Mittel: Am Florianstag 1689 gelobten Rat und Bürgerschaft einmütig und für alle Zeiten, alljährlich am Tag des für den Brandschutz zuständigen Heiligen nicht nur eine Schweigeprozession zu unternehmen, sondern auch jegliche Arbeit ruhen zu lassen, kein Feuer und kein Licht zu entzünden, auch keinen Tabak zu rauchen (!) und den ganzen Tag lang die Stadt nicht zu verlassen.
Die Wansener haben ihr heiliges Gelübde treulich gehalten, und der heilige Florian hat sie wirklich – zumindest einhundert Jahre lang – vor jedem Brandschaden bewahrt!
Nicht weit von Wansen stoßen wir auf ein Ortsschild mit dem kuriosen Namen »Schweinbraten«. Das Dorf ist für uns unwichtig, aber es liefert ein Stichwort: Wir können nicht achtlos an dem vorbeigehen, was des Schlesiers höchste Gaumenfreuden waren, und widmen uns seiner Speisekarte. Undenkbar war ein Sonn- oder gar ein Feiertag ohne den Dreiklang eines deftigen »Schweinebratens mit Sauerkraut und Klößen«, wobei nicht der Schweinebraten das unverwechselbar Schlesische ist, sondern die Zusammenstellung. Klöße in jeder Form kamen immer wieder auf den Tisch, und Sauerkraut, natürlich nur frisch aus dem Faß, gehörte unausweichlich zu einem richtig herzhaften Essen. Eine schlesische Abart des Schweinebratens war der »Schwärtelbraten« mit hart gebratener Kruste, die auf der Zunge zerging.
Höhepunkt aller Wonnen aber war das »Schlesische Himmelreich«. Diese sagenhafte Mischung aus Backobst (so reichhaltig wie möglich, mit Birnen, Äpfeln, Aprikosen, Pflaumen), zartem Rauchfleisch, Semmelklößen und »Polnischer Tunke« konnte nur eine schlesische Muttel mit langjähriger

F. G. Endler: Arnoldsmühle, Kr. Breslau

Erfahrung so meisterhaft zuwege bringen, daß man die einzelnen Bestandteile des Gerichts nicht mehr schmeckte, aber sich freudig überraschen ließ, wenn Süßes mit herb gesalzenem Rauchfleisch auf der Zunge zusammenstieß und ein Stück vom milden Klößel zart vermittelte.
Man liebte es derb und deftig. »Eisbein mit Sauerkraut« stand ganz obenan auf der Liste der Leib- und Magengerichte, und zu Martini und Weihnachten durfte der Gänsebraten – am liebsten aus eigener Zucht – nicht fehlen.
Wer so derbe Kost mag, der braucht auch einen harten Stoff zum Nachspülen! Breslauer Korn und ein tiefer Zug aus dem Bierglas kamen dann gerade recht. Dem Wein war der echte Schlesier weniger zugetan, obwohl ja in Grünberg... Nun ja, der Grünberger Wein ist nachgerade verlästert genug. Wir drehen den Spieß einmal herum und stellen fest, daß Deutschlands größte Weinbrennerei ihren Sitz keineswegs am Rhein oder an der Mosel hatte, sondern in... Grünberg! Ungezählte Weinbrandtrinker haben den so veredelten »Grüneberger« mit Wonne genossen und keinen Fehl an ihm gefunden.
Dem echten Schlesier schmeckte es erst richtig in möglichst

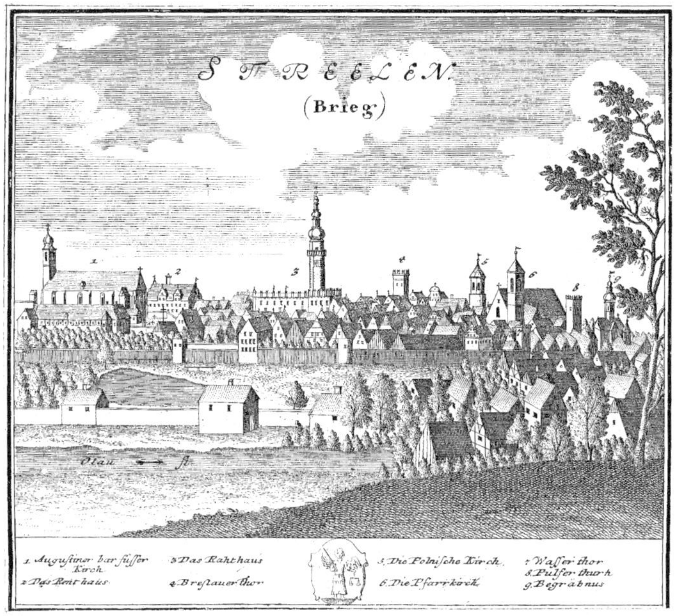

Strehlen

großer Gesellschaft. Er feierte gern, und er war – und ist es heute noch – gastfreundlich und freigiebig. Unleidlich war es ihm nur, wenn sich jemand zierte. Man durfte nicht »etepetete« sein. Andernfalls konnte es passieren, daß der Hausherr seine Ehrengäste aufforderte: »Nu, assa se Herr Liehr und assa se Herr Pforr! Ihr andern, ihr hoot ju alleene a Verstand.« (Essen Sie, Herr Lehrer, und essen Sie, Herr Pfarrer. Ihr andern habt ja von selbst so viel Verstand.)

Kirmes, Schweineschlachten, Hochzeit und Kindtaufe waren willkommene Gelegenheiten, ausgiebig zu tafeln. Nach dem Essen kamen die bauchigen Bunzlauer Kannen voll duftenden Kaffees auf den Tisch, dazu gewaltige Mengen Kuchen: Mohn-, Käse-, Apfel- und Pflaumenkuchen, vor allem aber der goldgelbe schlesische Streuselkuchen. »Die schönste Blume im Kranze eines Kirchweihfestes« hat ihn Holtei genannt, und Hermann Bauch besang ihn:

STRÄSELKUCHA

Schläscher Kucha, Sträselkucha,
Doas ihs Kucha, sapperlot,
Wie's uff Herrgoots weiter Arde
Nernt nich su woas Gudes hoot.
Wär woas noch su leckerfetzig,
Eim Geschmack ooch noch su schien:
Über schläscha Sträselkucha
Tutt halt eemol nischt nich giehn!

Doch nun erst einmal genug vom Essen und Trinken. Wir wollen uns noch ein wenig umsehen in der Ebene. Eng beieinander liegen die Dörfer. Sie sind deutlich anders als im Waldland und in den Bergen. Der Boden ist kostbar. Hier unten rückt man enger zusammen. Hof an Hof säumt die Straße. Allenfalls weitet sie sich zum Anger mit Kirche und Schule aus, mit dem Löschteich, um den das Federvieh schnattert, und mit dem Weideplatz fürs Kleinvieh. Hier im Flachland wird das Nebeneinander altslawischer Dörfer und deutscher Ansiedlungen des 13. Jahrhunderts deutlich nicht nur an den Ortsnamen – Karowahne, Boguslawitz, Schlenz, Warkotsch die einen, Hennersdorf, Thomaskirch, Stephanshain die anderen – sondern mehr noch am Gegensatz von Straßen- und Angerdorf zu den Gutsdörfern, in denen sich die Anwesen regelloser um das »Dominium« drängen.

Die großen Dominien beherrschten das Leben in den Dörfern. Eine Soziologie des schlesischen Dorfes mit seinem Rittergut, den Bauern, Stellenbesitzern, Dreschgärtnern und Hofeleuten muß erst noch geschrieben werden. Sie könnte erzählen, wie der Ritter zum Gutsbesitzer wurde, wie es dazu kam, daß die freien Bauern schließlich der Guts-»Herrschaft« untertänig wurden. Erst die Stein-Hardenbergsche Agrarreform hat sie zu Beginn des 19. Jahrhunderts wieder frei gemacht, aber die Patrimonialgerichtsbarkeit blieb noch bis nach 1848 bestehen, ja es gab sogar noch bis 1927 Gutsbezirke mit eigener Polizeigewalt!

Überall in den Dörfern war das Herrenhaus zum »Schloß« geworden. So nannten es jedenfalls die Dorfbewohner ohne Unterschied. Mancherorts waren es nur zurückhaltend-vornehme Gutshäuser geblieben. Doch wer es sich leisten konnte, verpflichtete bedeutende Baumeister und orientierte sich an Vorbildern in Wien, Prag oder Berlin. So ist Schlesien vor allem während des lebensfrohen 18. Jahrhunderts zum Land der unzähligen Schlösser geworden. Noch heute trifft man allenthalben die großen Parks, die schönen Zufahrtsalleen und denkt an Eichendorffs »Taugenichts«, wenn auch die Bauten selbst meist in trostlosem Zustand oder gar schon beseitigt sind.

So gern heute das »ostelbische Junkertum« geschmäht wird, sollten wir uns doch daran erinnern, wie sich in vielen schlesischen Adelsgeschlechtern gerade die wertvollsten preußischen Tugenden verkörperten, das »Mehr sein als scheinen«, der »Mannesmut vor Königsthronen«. Wir denken dabei an die Yorck von Wartenburg in Klein Oels, den Blücherschen Besitz in Krieblowitz und spannen den Bogen hinüber nach Kreisau, dessen letzter Besitzer, James Graf von Moltke, einer der herausragenden Köpfe des deutschen Widerstands gegen Hitler gewesen ist.

In Kreisau kommen wir wieder dem Zobten nahe, dem heiligen Berg und Nabel des Landes. In einer weiten Spirale sind wir bei unserer Fahrt durch Mittelschlesien um ihn herumgekurvt. Nun soll er uns zum letzten Male in seinen Bann ziehen.

An seinen östlichen Ausläufern liegt Jordansmühl, dessen Name einen guten Klang hat nicht nur wegen des »Widders von Jordansmühl« aus der frühen Bronzezeit, sondern auch wegen seines Nephrits, des schlesischen Edelsteins. Lange Zeit schien dieser grüne, jadeähnliche Stein von einem Geheimnis umgeben. Steinzeitliche Waffen und Beile, aus Nephrit kunstvoll gefertigt, fanden sich in ganz Europa, doch lange Zeit wußte niemand, wo er in der Natur vorkam. Erst 1887 wurde anstehender Nephrit in Jordansmühl entdeckt. Es blieb bis heute die einzige Fundstelle in Schlesien. Nochmals dauerte es fast fünfzig Jahre, bis es gelang, ihn systematisch zu brechen und zu Schmuck zu verarbeiten. Seine dunkel- oder milchiggrüne Färbung, meist zart wolkig durchzogen, umgibt ihn noch immer mit einer geheimnisvollen Aura. Glücklich, wer heute ein so schönes Stück heimatlicher Erde besitzt!

Drüben an den westlichen Abhängen der Zobtenwälder liegt Gorkau, wo Peter Wlast um 1134 das älteste Kloster Schlesiens gegründet haben soll. Freilich hat das kaum jemanden interessiert, wenn sonntags Ausflügler in hellen Scharen den Bahnhof in Ströbel verließen und Gorkau-Rosalienthal zuströmten. Die einen unternahmen anstandshalber noch einen mehr oder weniger ausgedehnten Spaziergang, die anderen strebten ohne Umweg der berühmten Brauerei und ihrem schattigen Biergarten zu. Ein geschäftstüchtiger Wirt hatte sein Etablissement in ganz Schlesien bekannt gemacht mit dem »Gorkauer Heiratsmarkt«. Angeblich sollte er sogar auf einen alten Volksbrauch zurückgehen.

Natürlich waren der Zobten und seine Nebengipfel – der Geiersberg und die Költschenberge – so nahe bei Breslau ideale sonntägliche Ausflugsziele. Schon bald nach der Jahrhundertwende haben die ersten stolzen Autobesitzer die Leistungsfähigkeit ihrer Benzinkutschen auf den steilen und steinigen Wegen rund um den Zobten erprobt.

Später erschienen die ersten Auto-Wanderführer. »Im Auto durch das schöne Deutschland« hieß einer, der eine Rundfahrt zum Geiersberg beschreibt. Wir wollen ihm folgen und uns dabei in die Zeit der zwanziger Jahre zurückversetzen. Von Breslau über Jordansmühl führt er uns nach Klein Kniegnitz – dessen schöne Kirche übrigens auch heute noch einen Besuch verdient – und befiehlt: »Bei der Kirche schlagen Sie das Steuer scharf links ein.« So kommen wir zur ersten Rast beim altbekannten »Eichhörndelkretscham«. Weiter geht es über Langenöls, Schlaupitz zur »Försterei Költschen« und einer anderen Gelegenheit, sich für die weitere Fahrt zu stärken. Endersdorf und Groß Wierau durchfahren wir nun, um auf den »weiten Parkplatz der Tampadeler Jägerbaude« zu gelangen, wo sich »oft Hunderte von Wagen einfinden« (1928!). »Ein Glück, daß die Baude hoch über der Straße am Hange thront«, stöhnt der Autor schon damals.

»Von hier geht es – anfangs sehr steiles Gefälle – in sausender Fahrt durch dichten Wald« hinunter nach Striegelmühle. Wir werden kategorisch gewarnt: »Hier aber gründlich abstoppen! Am Ende des Ortes gibt es eine Kurve, die es in sich hat.« Dort nämlich, so heißt es weiter, verstelle ausgerechnet das Gasthaus »Zur schönen Aussicht« jegliche Aussicht »auf die einen weniger als rechten Winkel bildende Kurve. Natürlich ist gerade hier die Straße besonders schmal, natürlich kommen gerade hier mit Schwung die Steigung nehmende Wagen entgegen!« Ja, damals hatten die Automobilclubs noch nicht die Macht, solche verkehrsbehindernden Gasthöfe wegräumen zu lassen. Doch wir wären heute froh – Verkehrshindernis oder nicht –, im Gasthof »Zur schönen Aussicht« die Beine unter den Tisch zu strecken.

Heute finden wir gleich oberhalb des Städtchens Zobten

F. G. Endler: Park bei Hünern, Kr. Trebnitz

einen »weiten Parkplatz«, der zumeist ganz leer ist. An seinem oberen Ende steht der »Mönch« unserer Abbildung auf Seite 166. Der Aufstieg zum Gipfel beginnt an der ehemaligen Försterei. Er ist gut markiert und gar nicht zu verfehlen. Ein eigenartiges Gefühl ist es, diesen Weg noch einmal zu gehen durch den stillen Wald über die »Lärchenallee«, den »Leuchtscherbelplan«, an der »Jacobs-Quelle« vorüber zum »Kreuzstein«. Wer kennt die Namen?

Eine knappe Stunde sind wir bequem aufgestiegen zu dem Schutzdach, das die alten Steinbilder, die (kopflose) »Jungfrau mit Fisch« und den »Bären« birgt. Schnell dazu ihre Geschichte, wie sie sich das Volk erzählte: Auf dem Zobtengipfel soll die Burg des Grafen Wlast gestanden haben. Seine Gemahlin hielt im Zwinger einen Bären, den sie sorgsam pflegen ließ. Als er einmal krank war, riet man ihr, ihm einen Hecht als Heilnahrung zu geben. Sie schickte ihre Magd hinunter zum Markt in Zobten. Auf dem Rückweg wurde das Mädchen von einem Bären angefallen, der ihr den Kopf abriß. So wurden die Steinbilder zum Gedächtnis an diesen Vorfall im Walde aufgestellt.

Weiter steigt der Weg am »Kriemhildenstein« vorüber und führt uns nach einer halben Stunde auf den Rasenplatz zu Füßen der Gipfelkapelle. Dicht neben ihr steht unter hohen Bäumen die »Striegelmühler Sau«, ein altes keltisches Steinbild, an dem nun schon zweieinhalb Jahrtausende schlesischer Geschichte vorübergezogen sind. Hier ist eine stille und schattige Schaukanzel, von wo der Blick weit hinausgeht ins Bauernland mit golden schimmernden Kornfeldern. Ein rechter Platz, die Gedanken wandern zu lassen. Hier könnte Eichendorff gesessen haben, als er die Verse fand, die uns bewegen, wenn wir heute an das ferne Schlesien denken:

»Und meine Seele spannte
Weit ihre Flügel aus,
Flog durch die stillen Lande,
Als flöge sie nach Haus.«

BILDERVERZEICHNIS

BILDNACHWEIS

P. Johannessohn: 73, 75; W. Lambert: Titelbild, 74, 78–168; R. Witold: 76, 77.

ZEICHNUNGEN

Hinz, Johannes: 64; Stiftung Kulturwerk Schlesien (Sammlung Haselbach) – Endler, F. G.: 42, 54 re; Merian: 51; Werner, F. B.: 29; anonym: 10, 20, 26, 68 –; Ostdeutsche Galerie (Sammlung Haselbach) – Endler, F. G.: 5, 7, 17, 22, 24, 25, 27 li, 27 re, 28, 36, 44–47, 49, 50, 54 li, 58–62, 65–67, 70, 72; Werner, F. B.: 8, 19, 30, 32, 34; Schmedes, Grete: 12, 14; Hain, E.: 38; Tittel, F. A.: 39, 43; Mattis, C. T.: 40; Rossmäsler: 55; Balzer: 57; Kornatzki, E. v.: 63; anonym: 6, 13, 18, 23, 26, 41, 52, 53, 56, 68 –; Merian: 35; Werner, F. B.: 8.

F. G. Endler: Kaubitz, Kr. Frankenstein

73 Wenn Schlesiens Herz in BRESLAU schlägt, dann offenbart sich Breslaus Seele in seinem Rathaus, dem charaktervollsten Bauwerk der Stadt. Nirgendwo sonst verkörpern sich Stolz und Wesen deutscher mittelalterlicher Kaufmannschaft besser als in diesem Bau. Er wurde um 1275 begonnen, seine endgültige Gestalt fand er zwischen 1470 und 1510 mit den schmuckreichen drei südlichen Erkern und dem großen Hauptgiebel. Als Wahrzeichen städtischer Freiheit galt der stolze Turm, der mit den Türmen der Stadtpfarrkirchen wetteiferte. Respekt vor der Gerichtshoheit des Rates forderten die Staupsäule und die beiden rolandähnlichen Rechtswahrzeichen am Eingang zur Vogteistube. Der »Schweidnitzer Keller« aber war Hort echter Geselligkeit, wo Ratsmann und Bürger, Handwerker, Student und Bauer einträchtig nebeneinander saßen.

74 Leicht und beschwingt strebt die Breslauer KREUZKIRCHE zum Himmel. Sie bildet den Blickpunkt für eines der schönsten deutschen Städtebilder: Flankiert von den majestätischen Türmen des Doms und von der breit in der Flußgabel lagernden Sandkirche, gibt sie dem Dreiklang der gotischen Kirchen über dem Strom erst den vollen Akkord. Hochgestemmt, auf einer Unterkirche wie auf einem Burghügel thronend, spiegelt sich ihr malerischer Aufbau, der im ganzen Osten seinesgleichen sucht, in der Oder. Herzog Heinrich IV. von Breslau hat die Kirche im Jahre 1288 zum Zeichen der Aussöhnung nach seinem Streit mit Bischof Thomas II. gestiftet. Die Unterkirche weihte er dem Schutzheiligen der Piasten, dem hl. Bartholomäus. Heinrichs Grabmonument, das schönste Zeugnis mittelalterlicher Denkmalkunst in Schlesien, befindet sich heute im »Nationalmuseum« am ehemaligen Lessingplatz. Es zeigt unverkennbare Verwandtschaft mit den Naumburger Stifterfiguren.

75 Eingebettet in die Scheitniger Parklandschaft hat die JAHRHUNDERTHALLE mit den Ausstellungshallen Max Poelzigs den Zweiten Weltkrieg überdauert. Zur hundertjährigen Jubiläumsfeier der Befreiungskriege hatte Max Berg den Kuppelbau in Eisenbeton mit 65 m Spannweite und 42 m Höhe konstruiert, zu seiner Zeit (1913) die größte Kuppel der Welt und ein unerhörtes architektonisches Wagnis. Man erzählt, Kaiser Wilhelm II. habe sich geweigert, die Halle zu betreten, weil er ihrer Standfestigkeit mißtraute. Die Orgel der Jahrhunderthalle war mit mehr als 15 000 Pfeifen die größte in Europa. Ihre Disposition entwarf Thomaskantor Karl Straube. Zur Einweihung hatte Max Reger eine eigene Komposition, op. 127, geschaffen. Das Rieseninstrument blieb 1945 unversehrt, wurde aber später zerlegt und teilweise in den Dom übernommen. Sein charakteristischer Klang ging dabei verloren.

76 Eine überaus sehenswerte Sammlung sakraler Kunst des Mittelalters ist in Breslau im »Nationalmuseum schlesischer Kunst« im ehemaligen Regierungsgebäude am Lessingplatz zu besichtigen. Daraus haben wir zwei Beispiele ausgewählt: Der TOD MARIAE aus der ersten Hälfte des 15. Jahrhunderts stammt vom gleichen Meister wie die Flügel des Altars im Chor der Sandkirche. Es ist eine der sechs Altartafeln der Peter-und-Paul-Kirche in Striegau. Auf der Rückseite findet sich eine »Dornenkrönung«. Der Aufbau des Bildes folgt einem weit verbreiteten Schema: Maria ruht fast sitzend auf einer hohen Lagerstatt, von allen zwölf Aposteln umgeben. Johannes reicht ihr die Sterbekerze, Petrus besprengt sie mit Weihwasser. Zu ihren Füßen lesen zwei Apostel die Sterbegebete.

77 Die VERKÜNDIGUNG (1480) aus einer schlesischen Werkstatt war ursprünglich ein Votivbild. Die betende Stifterfamilie in Kleidern vom Ende des 16. Jahrhunderts ist erst später hinzugefügt worden. Neuere Konservierungsarbeiten brachten die vorher übermalten Figuren des knienden Jünglings und der hl. Hedwig zum Vorschein. Stifter des Bildes war Herzog Wenzel von Sagan, der 1472 auf seine Herrscherrechte verzichtete, um sich in Breslau ganz einem zurückgezogenen, gottgefälligen Leben zu weihen. Um die Reinheit seiner Seele darzutun, ließ er sich als blühenden Jüngling abbilden. Die bei einem Verkündigungsbild ungewöhnliche Anwesenheit der hl. Hedwig und des hl. Bartholomäus, des Schutzheiligen der Piasten, erklärt sich durch die fürstliche Abkunft des Stifters. Wenzels Verzicht auf die Herrscherwürde deutet das Fehlen herzoglicher Insignien auf dem schlesischen Adlerwappen an. Nachdem die Glogau-Saganer Piastenlinie im 16. Jahrhundert verarmt und in den bürgerlichen Stand zurückgefallen war, mögen Familienangehörige das Votivbild ihres Vorfahren als Epitaph verwendet haben.

78 Schönstes Baudenkmal aus Breslaus Habsburger Zeit ist die UNIVERSITÄT, 1702 als Jesuitenkolleg gegründet. Der Architekt des 1728–1741 errichteten, unvollendet gebliebenen Baues ist unbekannt. Während die Oderfront in klaren Formen auf Fernwirkung angelegt ist, erfreut die dem engen Universitätsplatz zugekehrte Stadtseite mit köstlichen Details. Das Portal mit bewegter Balkonbrüstung und den puttenumspielten Sandsteinfiguren des Bambergers J. A. Siegwitz läßt den Prunk des Inneren ahnen: das reiche Treppenhaus und die in festlichen Dekorationen schwelgende Aula.

79 Schon sehr früh besaß Breslau ein städtisches Theater, zuerst im »Ballhaus«, dann in der »Kalten Asche«, wo um 1800 Schauspieler wie W. A. Iffland und Ludwig Devrient wirkten. 1841 entstand nach Plänen von Carl Ferdinand Langhans das neue STADTTHEATER am Stadtgraben, dessen Zuschauerraum wir hier sehen. Als Opernhaus hat es unter der Leitung Theodor Löwes glanzvolle deutsche Erstaufführungen gesehen (1893 Verdis »Othello«, 1913 Mussorgskis »Boris Godunow«) und war für viele Große der deutschen Theaterwelt Anfangsstation ihrer Karriere.

80 Zwischen den nüchternen Bauten des 19. Jahrhunderts haben sich am Ring in OHLAU einige Bürgerhäuser aus der Zeit des Barocks erhalten. Das hier links abgebildete Haus mit den schwungvollen Voluten, Pilastern und vasengeschmücktem Giebelsegment ist charakteristisch für Schlesiens österreichische Zeit. Im 17. Jahrhundert begann man in der Ohlauer Gegend Tabak anzubauen. Aus der ersten, 1643 eingerichteten »Tabakspinnerei« erwuchs eine lebhafte Tabakindustrie, die erst gegen Ende des 19. Jahrhunderts an Bedeutung verlor. 1845 gab es hier noch 32 Betriebe.

81 Der Rathausturm zu Ohlau (1668) trägt Schlesiens kunstvollste Uhr. An der Südostseite schwingt der »TOD VON OHLAU«, weithin bekanntes Wahrzeichen der Stadt, seine Sense. Nach Südwesten hebt der Herrscher der Zeit, der Gott Saturn in römischer Tracht, stündlich sein Zepter. Auf den gegenüberliegenden Seiten ist eine Monduhr angebracht, und ein Hahn jagt alle Stunden eine Henne im Kreis herum. Nicht minder originell sind die Namen der Verfertiger des Kunstwerks. Sie hießen tatsächlich Sallat, Kraut und Riebe! Der Rathausbau (1823–1830) geht auf Pläne Schinkels zurück.

82 Die Autobahn Breslau – Brieg verläuft in unmittelbarer Nähe, das Bild dieser lichten Birkenallee bei KLEIN ÖLS weckt Erinnerungen an weite Kutschfahrten über staubige Sandwege. Hier geht die Schwarzerde der Zobtenebene in die leichten Sandböden Oberschlesiens über. Auf Anregung der hl. Hedwig soll Herzog Heinrich um 1220 Tempelherren hierher gerufen haben, die deutsche Bauern zum Kultivieren des Waldbodens ansiedelten. Davon erzählen Ortsnamen wie Tempelfeld, Frauenhain und Marienau. In Klein Öls stand das Schloß der Familie Yorck von Wartenburg.

83 So reizvoll und anheimelnd, wie der Name des Dorfes ROSENHAIN es verspricht, liegt seine Kirche im Schatten hoher Bäume, umgeben und geschützt von der alten Friedhofsmauer. Der schlichte, turmlose Bau stammt aus dem 14. Jahrhundert. Schon 1534 wurde Rosenhain protestantisch. In der Zeit der Glaubensbedrückung war die Kirche Zuflucht für Nachbargemeinden, deren Gotteshäuser der katholischen Kirche zurückgegeben worden waren. Kanzel und Altar sind bald nach dem Dreißigjährigen Krieg eingefügt worden. Der Dachreiter aus dem Jahre 1726 trug zwei Glocken.

84 Das Schloß von LASKOWITZ (seit 1937 Markstädt) ist mit seinen verwinkelten Vor- und Anbauten, mit Türmen und Türmchen ein typischer Vertreter des Baustils vor der Jahrhundertwende. Seit 1650 befand es sich im Besitz der Familie Saurma-(Sauermann-)Jeltsch, deren Vorfahren vor 1500 aus Franken nach Breslau zugewandert waren. Als bedeutendes Patriziergeschlecht hatten sie mehrere Ratsmitglieder und drei Ratsälteste gestellt. In Laskowitz erbauten sie 1656 ein neues »Wohnhaus«, das 1757 erneuert wurde, aber 1885 niederbrannte. Danach entstand das neue Schloß.

85 BRIEG wurde 1311 Residenz der Herzöge von Liegnitz und Brieg und blieb es bis zum Aussterben der Piasten im Jahre 1675. Der von Herzog Friedrich II. im 16. Jahrhundert begonnene Schloßbau begründete Briegs Ruf als Stadt der Renaissance. Dem fürstlichen Beispiel folgten die Bürger, zunächst beim Bau des Rathauses mit der zweistöckigen Loggia, dann mit ihren Wohnhäusern. Trotz schmalen Baugrundes wollte man in hoch aufschießenden Giebelfronten die eigene Bedeutung ins rechte Licht rükken und die Nachbarn übertrumpfen. Dieses Haus am Ring wurde 1621 nach einem verheerenden Stadtbrand neu errichtet. »Beschlagwerk« als Ornament überzieht es bis hinauf zu den drei Giebelchen, die früher noch von Windfahnen und Hauszeichen gekrönt waren. »Buch- und Papierhandlung M. Süss« lautete das Firmenschild ehedem.

86 Das figurenreiche SCHLOSSPORTAL in Brieg ist bezeichnend für den Wert, den die Renaissance hoher Abstammung und der Würde der eigenen Person beimaß. Herzog Georg II. von Brieg schmückte den Eingangsbau mit Porträtbüsten seiner Vorfahren, zu denen er voll Stolz gekrönte Häupter, nämlich die Piasten-Könige von Polen zählte. Er hat nicht geahnt, daß dreihundert Jahre später daraus ein Beleg für den »polnischen Charakter« seines Landes konstruiert werden würde. Der Bauherr und seine Gemahlin, Barbara von Brandenburg, sind als lebensgroße Statuen über dem Portal postiert und empfangen so fast »persönlich« den Besucher. Zwischen ihnen ist das Allianzwappen der Eltern der Fürstin angebracht. Die Hofseite des Eingangs ziert ebenfalls reicher bildhauerischer Schmuck. Besonders betont sind dort die Wappen der Fürstenhäuser Liegnitz-Brieg und Brandenburg.

87 Als »das reichste und durchgebildetste Beispiel der Renaissance im Osten« ist das SCHLOSS von Brieg bezeichnet worden. In der zweiten Hälfte des 16. Jahrhunderts schufen Jacobo Pahr und sein Schwiegersohn Bernhard Niuron einen Bau von beispielgebender Geschlossenheit. Lange Arkadenreihen auf der Hofseite geben ihm eine südlich heitere Note. Nachdem der Bau von preußischen Kanonen 1741 beschädigt wurde, begann erst in den dreißiger Jahren unseres Jahrhunderts der Wiederaufbau. Er wurde in unseren Tagen unter dem Markenzeichen »Piastenschloß« vollendet.

88 Die Kirche von MOLLWITZ ist ein kaum bekanntes Juwel mittelalterlicher Sakralkunst. Das Innere des geräumigen, äußerlich schlichten Backsteinbaus aus dem Anfang des 14. Jahrhunderts bietet den seltenen Anblick eines bis zur Schablonenmalerei der Holzdecke vollständig ausgemalten Kirchenraums des späten Mittelalters. Um die Wände des Kirchenschiffs laufen fünf Bildstreifen, auf denen fortlaufend Szenen aus Altem und Neuem Testament dargestellt sind, eine »biblia pauperum« (Bibel der Armen) von einmaliger Vollständigkeit. Im Presbyterium findet sich diese recht selten anzutreffende Darstellung »Die Tugenden schlagen Christus ans Kreuz«, eine nicht leicht zu verstehende Allegorie. Sie bezieht sich auf die Gaben, die Christus mit seinem Tod der Menschheit bringt. Misericordia (Mitleid), Justitia (Gerechtigkeit), Patientia (Geduld) heften Christus ans Kreuz, Fides (Treue) setzt ihm die Dornenkrone auf, während Humilitas (Demut) seine Füße bindet, Caritas (Nächstenliebe) mit der Lanze seine Seite öffnet und Spes (Hoffnung) das Blut auffängt.

89 Das kleine Städtchen LÖWEN, bis 1939 nur knapp 4000 Einwohner zählend, hatte sich in früheren Jahrhunderten ständiger Übergriffe der benachbarten Grundherren zu erwehren, um seine freiheitlichen Stadtrechte zu verteidigen. Schon 1554 evangelisch geworden, bot die Stadtpfarrkirche während der Bedrängnisse der Gegenreformation vielen evangelischen Oberschlesiern Zuflucht und gottesdienstliche Betreuung. Das Wiener Kaiserhaus gewährte später im »Roten Samtbuch« eine zusammenfassende Bestätigung der Stadtrechte. Das klassizistische Rathaus wurde 1837 erbaut.

90 Unweit von Mollwitz finden Entdeckungsfreudige in SCHÖNFELD ein zwar nicht ganz typisches, aber in seiner Schlichtheit anrührendes Beispiel einer Schrotholzkirche. Solche Dorfkirchen aus behauenen Stämmen, in sorgfältiger Zimmermannsarbeit zusammengefügt, schindelgedeckt, oft mit freistehendem hölzernem Glockenturm, sind in Oberschlesien häufig zu finden. Unser Schönfelder Kirchlein duckt sich hinter eine wie von Zyklopenhand aufgeschichtete Friedhofsmauer. Im Innern sind ein vielfiguriger spätgotischer Schnitzaltar und eine bemalte Bretterdecke zu sehen.

91 NAMSLAU war im Mittelalter mit einer starken Mauer und mehr als 40 Türmen befestigt. Der stolze Rathausturm mit seiner schönen Renaissancehaube (entstanden um 1625) ist das Wahrzeichen der Stadt. Das Rathaus selbst stammt aus gotischer Zeit, wurde aber im Laufe der Jahrhunderte vielfach verändert. Hinter den nach dem Krieg renovierten Häusern erhebt sich der Turm der katholischen Pfarrkirche St. Peter und Paul, eine dreischiffige spätgotische Hallenkirche von erstaunlicher Größe. Ihr Innenraum ist nach einem ähnlichen Bauschema errichtet worden wie die Sandkirche in Breslau.

92 Im BURGHOF zu Namslau steht dieser Renaissancebrunnen im Schatten eines mächtigen Walnußbaumes. Den Baum pflanzten die letzten Besitzer der Burg, die Brauerfamilie Haselbach. Sie haben den Brunnen aus Buchwald im Riesengebirge hier aufgestellt. Burg und Stadt Namslau hatten im Mittelalter den Schutz der Verkehrswege nach Polen zu übernehmen. Kaiser Karl IV. sorgte für den Ausbau der Befestigungen. Sie sollten ein »Fredeschild for dy Slezie« sein. Mit Kasimir dem Großen von Polen schloß er 1348 den »Frieden von Namslau«. Danach war das Burglehen Namslau lange in der Hand des Breslauer Rates, ehe der Deutsche Ritterorden 1703 die Burg erwarb. Heute ist darin ein kleines Museum untergebracht. Es zeigt Keramik, Waffen, Möbel und wertvolle Bücher, vermutlich zum großen Teil aus dem Besitz der Familie Haselbach.

93 Heute steht dieser muskelbepackte steinerne Herkules in FESTENBERG. Er stammt aber aus Goschütz. Dort bildete das überlebensgroße Standbild den eindrucksvollen Blickfang im Hauptraum der Orangerie. Es stand in einem Wasserbecken, aus den Köpfen der am Boden liegenden Hydra stiegen Wasserstrahlen. Zusammen mit dem Goschützer Schloß ist auch die Orangerie mehrere Jahre nach Kriegsende mutwillig zerstört worden. Ebenso wurde das Schloß der Grafen Reichenbach in Festenberg geplündert und dem Verfall preisgegeben. Das Städtchen Festenberg hat lange Zeit von der Tuchmacherei gelebt, bis Wassermangel das Gewerbe zum Erliegen brachte. Dann warf man sich auf die Holzverarbeitung, und Festenberg wurde zur »Tischlerstadt«. In den dreißiger Jahren sollen von 3 800 Einwohnern mehr als 1000 das Tischlerhandwerk ausgeübt haben.

94 Zur »Freien Minderstandesherrschaft GOSCHÜTZ« gehörten ausgedehnte Ländereien, die es den Besitzern gestatteten, ihr Herrenhaus zu einem bedeutenden Schloßbau auszugestalten. Bald nach dem Übergang Schlesiens an Preußen erbaut, zeigt es erstmals norddeutsche Architekturelemente, die an »Sanssouci« denken lassen. Erst zwei Jahre nach Kriegsende ging der Bau in Flammen auf. Das Foto zeigt nicht etwa eine freistehende Balustrade, sondern ein Fragment vom Mittelteil des Schlosses. Durch die hohen Bögen der Fenster des Festsaales sieht man hinaus in den Park.

95 Das Schloß in GROSS WARTENBERG ist erst nach Ende der Kampfhandlungen mutwillig angezündet und später ganz beseitigt worden. Die einfache Grünanlage an seiner Stelle schmücken Bronzefiguren, die Françoise Prinzessin Biron von Curland 1902 als Kopien von Figuren aus dem Schloßpark von Versailles anfertigen und im Schloßpark aufstellen ließ. Über Aphrodite mit dem kleinen Eros hinweg sehen wir am ehemaligen Amtsgericht (links) vorbei auf die nördliche Ringseite und den Turm der katholischen Pfarrkirche, der bis 1910 ein Befestigungsturm gewesen ist.

96 DISTELWITZ ist ein langgestrecktes Straßendorf in der Nähe Groß Wartenbergs. Die schlichte Dorfkirche St. Katharina, später St. Trinitatis, steht schon seit mehr als 500 Jahren auf ihrem Platz. Katholisch bis zur Reformation, danach protestantisch bis zur Zwangskatholisierung 1650 während der Gegenreformation, im 18. Jahrhundert nach der Altranstädter Konvention zum evangelischen Glauben zurückgekehrt und 1945 rekatholisiert, könnte sie viel aus schlesischer Geschichte erzählen. Der Turm war stark genug, vier Glocken zu tragen, von denen zwei erhalten blieben.

97 In OELS, einer der am besten wieder aufgebauten Städte Schlesiens, haben keine Kampfhandlungen stattgefunden. Es waren Brände, die im Januar/Februar 1945 große Teile der Stadt zerstörten. Das ebenfalls ausgebrannte klassizistische Rathaus wurde von den Polen in gleicher Form, nur um die Hälfte verkleinert, wiedererrichtet. Die vor dem Rathaus stehende Siegessäule von 1870/71 ist heute, wie aus den Inschriften der neu dort angebrachten Bronzetafeln zu ersehen ist, ein polnisches Befreiungsdenkmal. Der Siegesengel auf der Spitze der Säule ist seit 1984 spurlos verschwunden.

98 Das SCHLOSS in Oels war bis 1945 Sitz des letzten deutschen Kronprinzen. Heute ist es zum Renommierobjekt polnischer Denkmalspflege geworden, ein wahres Schmuckstück. Obwohl es nicht aus piastischer Zeit stammt, wird es als »Piastenschloß« präsentiert mit der tendenziösen Gleichstellung: piastisch = polnisch. Die Herzöge von Münsterberg-Oels, Nachkommen König Georg Podiebrads, haben die vierflügelige Renaissance-Anlage zwischen 1560 und 1617 errichten lassen. Baumeister war Caspar Kuhne. Der Turm setzt einen wuchtigen Akzent zwischen Hauptschloß und Torbau (Wittumsstock). Auf dem vorgesetzten Portal halten zwei aufrecht schreitende Löwen drei prächtig verzierte Wappen. Das gleiche Motiv, die Löwen mit dem dreifachen Wappen, war auf der Rückseite in schöner Sgraffitoarbeit wiederholt, ist aber heute unverständlicherweise entfernt. Ebenso fehlt die alte Inschrift: »Wo Gott nicht selbst behut das Haus, so ist's mit unserm Wachen aus«.

99 Die Pfarrkirche in Oels, später SCHLOSSKIRCHE genannt, ist dem Evangelisten Johannes geweiht. Sein Symbol, der Adler, findet sich auch im Stadtwappen. Die hauptsächlich aus dem 17. und 18. Jahrhundert stammende Inneneinrichtung der Kirche blieb nach 1945 größtenteils erhalten. Sie war zuletzt 1934 gründlich renoviert worden. Ein sehr schönes Stück ist die Kanzel, 1605 von Gerhard Heinrich von Amsterdam geschaffen. Der Schalldeckel trug eine Christusfigur, um deren linkes Bein sich eine Schlange windet, Engel halten Wappenschilder der fürstlichen Patronatsherren. Auf Kanzelkorb und Treppenwangen sind biblische Szenen dargestellt. Christophorus scheint neben dem Jesuskind auch die Kanzel auf seine Schultern geladen zu haben. Die Tür der Kanzeltreppe ziert ein schönes Relief, Adam und Eva darstellend. Sehenswert sind die Grabdenkmäler der hier bestatteten Herzöge aus der Münsterberger Linie, besonders das Doppelgrab für Herzog Johann und seine Gemahlin Christina von Schidlowitz, geschaffen von dem Würzburger Johannes Oslew.

100 Der Schloßturm in BERNSTADT erinnert noch heute daran, daß dieses kleine Landstädtchen einmal eine Rolle als Fürstensitz gespielt hat. Nebenlinien der Herzöge von Oels hatten hier vom 16. bis 18. Jahrhundert ihre Residenz. Herzog Christian Ulrich I. (1673–1704) erweiterte den mittelalterlichen Bau. Das Hofleben und eine »Fürstenschule« brachten zeitweise reges Leben in die Stadt. Die Gebäude verfielen jedoch wieder, nachdem der letzte hier residierende Fürst verstorben war. Mehrfache Umbauten während des 19. Jahrhunderts nahmen dem Schloß seine typischen Renaissance- und Barockmerkmale, die nur der Turm und das Zufahrtsportal bewahren konnten. Hans Lutsch rühmt das Portal als »architektonisch bedeutendste Leistung am Schloß«. Die Durchfahrt krönt das Allianzwappen Herzog Christian Ulrichs und seiner Gemahlin Anna Elisabeth von Anhalt-Bernburg.

101 Dieser klassizistische Tempel steht in RAAKE, wenige Kilometer südlich Bohraus an der Straße Breslau–Oels. Erbaut hat ihn zwischen 1880 und 1890 der Besitzer des Rittergutes Raake, Georg von Kessel-Zeutsch, als Mausoleum für sich und seine Gemahlin, Gräfin Leocardie von Lüttichau. Heute dient er als Dorfkirche, weil es die schöne alte Kirche von Raake nicht mehr gibt. Wie so vieles in diesem Gebiet hat sie das Kriegsende unversehrt überlebt, ist aber später in Flammen aufgegangen. Im Hintergrund ist einer der einst so berühmten großen Teiche von Raake zu erkennen.

102 Seine katholische Majestät Kaiser Joseph I. gewährte Anfang des 18. Jahrhunderts den schlesischen Protestanten die Gnade, sechs Kirchen ihres Glaubens zu errichten. Diese »Gnadenkirchen« hatte ihm Karl XII. von Schweden 1707 in der Altranstädter Konvention abgetrotzt. Die einzige Gnadenkirche Mittelschlesiens steht in MILITSCH. Der von 1709 bis 1714 mit bescheidenen Mitteln errichtete Fachwerkbau ist heute ein malerischer Blickpunkt an der Stadtpromenade. 1981 hat die polnische katholische Kirche das Innere renovieren lassen. Die schöne Rokokokanzel allerdings fehlt.

103 Uralte Bäume, gewaltige Eichen und Buchen sind nach wie vor Zierde und Stolz des SCHLOSSPARKS zu Militsch. Man merkt ihm sachkundige Pflege an, denn hier ist eine Forstschule mit Internat untergebracht. Der Besucher freut sich über die vornehme, statuengeschmückte Zufahrt und die temperamentvoll-anmutigen Bronzerösser am Hofrondell. Das klassizistische, 1798 erbaute Schloß der Grafen von Maltzan wurde zwar 1945 der reichen Sammlung an Gemälden, Skulpturen und Grafiken beraubt, ist aber wieder mit seiner schönen Kuppel ein wahres Schmuckstück.

104 Auch die Kirche in HOCHWEILER (ehemals Wirschkowitz) könnte einiges aus den schlesischen Glaubenskämpfen erzählen. Als evangelisches Gotteshaus 1769–1793 errichtet, versucht sie mit der Pracht des katholischen Kirchenbaus Schritt zu halten. Altarwand und Emporenbrüstungen sind mit Rokoko-Ornament überzogen. Aber ganz im Sinne evangelischen Glaubens, der die Predigt in den Mittelpunkt des Gottesdienstes stellt, wurde die Kanzel im Blickfeld der Gemeinde über dem Altar angebracht. Heute steht in der katholisierten Kirche dort eine Marienfigur!

105 Die Bartschniederung zwischen Militsch und Trachenberg war das Zentrum der schlesischen Teichwirtschaft. Schon im 13. Jahrhundert hatten deutsche Mönche begonnen, künstliche Teiche anzulegen, um Fische als Fastenspeise zu gewinnen, wie hier bei SULAU, südwestlich von Militsch. Daraus entwickelte sich ein blühender Wirtschaftszweig. Vor dem Krieg gab es in Schlesien 30000 ha Teichfläche. Daraus kam fast die Hälfte der deutschen Teich-Fischproduktion. In der Hauptsache waren es »Weihnachtskarpfen«, die von hier aus nach ganz Deutschland verschickt wurden.

106 Den Ring von TRACHENBERG bewacht der trutzige Turm der Stadtpfarrkirche St. Johannis. Wir sehen an der Ringecke das ehemalige »Deutsche Haus« und daneben das behäbige »Alte Gericht«. In ihm ist heute das Bürgermeisteramt untergebracht. Eine überraschende Verwandlung hat sich das Kriegerehrenmal gefallen lassen müssen: Wo ehedem ein scharfäugiger Adler auf korinthischem Säulenkapitell saß, erteilt nun die Muttergottes ihren milden Segen. Nicht mehr zu sehen ist das sogenannte »Schandemännel«, ein mittelalterlicher Pranger mit einem Rutenmännchen auf der Spitze.

107 · PRAUSNITZ kannten viele wohl nur als Endstation der Kleinbahn Breslau – Trebnitz – Prausnitz. Im 13. Jahrhundert im üblichen Schema schlesischer Städte mit Ring, Stadtmauer und drei Stadttoren angelegt, ist der Ort kaum über den mittelalterlichen Befestigungsring hinausgewachsen. Seine Blütezeit erlebte er gegen Ende des Mittelalters. Davon kündet das stattliche Rathaus mit dem zierlichen Doppelgiebel. Sein mächtiger Turm war gewiß dazu bestimmt, eine sehr viel höhere Bekrönung zu tragen als heute. Im Hintergrund grüßt die katholische Pfarrkirche. Sie birgt das Grabmal des Feldmarschalls Melchior von Hatzfeldt, »Schlesiens schönstes Kriegergrab im 17. Jahrhundert« (P. Bretschneider). Am Fuße der Tumba schildern Alabasterreliefs von Achilles Kern aus der bekannten schwäbischen Bildhauerfamilie die Heldentaten des Verstorbenen. Er erhielt 1641 die Herrschaft Trachenberg als Dank für seine Treue zum Kaiserhaus.

108 Die mächtige Backsteinfassade der Katharinenkirche in GUHRAU kann ihre Verwandtschaft mit den großen Kirchenbauten Norddeutschlands nicht verleugnen. Hier wie dort sind Giebel und Türme zu einer Einheit verwachsen. Die gedrungene Wucht der Baumassen löst sich auf in hellem Blendwerk und spielerischen Windfähnchen. Die Türme trugen sieben Glocken, »deren fünff in zimblicher Größe«, sagt ein alter Visitationsbericht. Dieses kostbare Geläut zerschmolz, als im Siebenjährigen Krieg Kroaten im Kircheninneren Feuer legten und dabei auch die wertvolle Ausstattung vernichteten. Auf einer Anhöhe über der Stadt beherrscht diese wehrhafte Gottesburg, an der ein ganzes Jahrhundert lang gebaut wurde, weithin die flache Bartschniederung. Sie ist ein Wahrzeichen der Stadt, wie es die Windmühlen ringsum waren, von denen es im 19. Jahrhundert mehr als 80 gegeben haben soll. Guhrau war seit dem 16. Jahrhundert zu einer Stadt der Müller und des Getreidehandels geworden, weil die Einfuhr aus den nahen polnischen Anbaugebieten besonders günstig war.

109 Hier sehen wir ins Langhaus der KATHARINENKIRCHE in Guhrau. Nachdem ein Vorgängerbau 1457 abgebrannt war, wurde der spätgotische Neubau, eine vierjochige Halle, 1552 geweiht. Die großartige Ausstattung mit gotischen Flügelaltären ging bis auf den gewaltigen Altarschrein von 1512 verloren. Dieses kostbare Kunstwerk ist während der barokken Erneuerung 1783, weil es nicht mehr in die Zeit paßte, entfernt und zerlegt worden. Erst 1926 hat Erich Wiese es als eines der wichtigsten Werke schlesischer Kunst wiederentdeckt. Der Altar bildete einen Höhepunkt der damals vielbeachteten Ausstellung schlesischer mittelalterlicher Malerei und Plastik. 1943 kehrte er an seinen alten Platz zurück, wurde aber nach Kriegsende in den Dom zu Posen gebracht.

110 Im äußersten Nordwesten des Kreises Guhrau finden wir in SEITSCH eine der schönsten schlesischen Dorfkirchen, St. Martin. Dorf und Kirche waren bis zur Säkularisierung im Besitz des Klosters Leubus. Abt Constantin Beyer beauftragte den namhaften Architekten Martin Frantz mit dem barocken Kirchenneubau (1736–1740). Frantz hatte zuvor schon mit den Gnadenkirchen in Hirschberg und Landeshut und mit der Weinbergkirche in Städtel Leubus sein Können bewiesen. Die innere Verwandtschaft seiner stolz und frei aufstrebenden Turmbauten tritt auf den ersten Blick zutage. Der Kirchenraum ist eine interessante Verbindung von Zentral- und Längsbau, offensichtlich von Kilian Ignaz Dientzenhofer und seiner Kirche St. Nikolaus in Prag inspiriert. Zu der wunderschönen Innenausstattung trug Franz Joseph Mangold Kanzel und Hochaltar bei, Philipp von Bentum schuf das Altarblatt »Christus erscheint St. Martin im Traum«.

111 Wald, Wasser und ziehende Wolken unter einem weiten Himmel: Die hügelige Heidelandschaft um Obernigk war mit ihren ausgedehnten Wäldern ein beliebtes Ausflugsziel für die Breslauer. Wer es sich leisten konnte, wohnte ständig im Grünen und »pendelte« in die Stadt. Schon der Dichter Karl von Holtei hat den Ort geschätzt und ihn besungen. Nahe bei Obernigk liegt HEIDEWILXEN. Auch hier versuchte man durch Fischzucht aus den kargen Böden bessere Erträge zu erwirtschaften. Störche, Reiher und manch anderes Getier finden hier noch intakte Lebensbedingungen.

112 Von blühenden Obstbäumen begleitet, schwingt sich die Straße von Oels nach TREBNITZ hinunter. Das Bild zeigt besser als viele Worte, weshalb es die Breslauer an den ersten warmen Frühlingstagen hinaustrieb in die Stadt der hl. Hedwig und ins »Katzengebirge«. Dann hatte der »Fliegende Trebnitzer« Hochkonjunktur, denn die Reise mit der keuchenden Bimmelbahn gehörte unumgänglich dazu, wenn es auch mit der Reichsbahn doppelt so schnell ging. In den letzten Jahren sind moderne Wohnbauten entstanden, nachdem das Städtchen jahrzehntelang fast verödet war.

113 Herzog Heinrich I. stiftete auf Bitten seiner Gemahlin Hedwig von Andechs das erste Frauenkloster Schlesiens in Trebnitz. Die ursprünglich romanische KLOSTERKIRCHE war schon 1224 vollendet. Aus dieser Zeit sind als wertvolle Zeugen nur noch einige Tympana, Säulenbasen und Skulpturenfragmente erhalten. Hedwigs frommer Lebenswandel und ihr opferwilliges Eintreten für die Armen hatten ihr schon zu Lebzeiten den Ruf einer Heiligen eingetragen. Ihre letzten Lebensjahre verbrachte sie in Trebnitz. Dort wurde sie 1243 bestattet. Ihr prunkvolles Grabdenkmal in der gotischen Hedwigskapelle wurde 1679 errichtet, Kirche und Kloster wenig später barockisiert und prächtig ausgestattet. Jährlich kamen viele tausend fromme Pilger, um das Hedwigsgrab zu besuchen und ein Fläschchen Wasser aus der Hedwigsquelle unter dem Chorraum mitzunehmen. So ist es bis heute geblieben. Hedwig gilt auch den neuen Bewohnern als Schutzheilige Schlesiens. Zu allen Gottesdiensten ist die Kirche überfüllt.

114 Nur wenige wissen heute noch um die Reize des nicht immer »platten« Landes rechts der Oder. Von Oels bis Obernigk läuft die Straße hügelauf, hügelab durch Wiesen und Wälder, Hecken umgaben die Felder. Hier Obstkulturen bei Trebnitz auf den Höhen des nordschlesischen Landrükkens, des KATZENGEBIRGES, auf das wir geringschätzig herabsahen, weil es mit den Sudetengipfeln nicht konkurrieren konnte. Da imponierte schon eher seine Länge. Als erdgeschichtliche Formation setzt sich der Höhenzug unter wechselnden Namen bis zur Lüneburger Heide fort.

115 Das Bild zeigt nur einen kleinen Teil der gewaltigen, über 220 Meter langen Front des Klosters LEUBUS. Knorrige Baumriesen deuten die Urwüchsigkeit des Auwaldes längs der Oder an. Das älteste und reichste Kloster Schlesiens lag als echte Zisterziensergründung tief verborgen in den Wäldern am Strom. Hier war die Urzelle der deutschen Besiedlung, das geistig-kulturelle Zentrum des Landes. Den letzten Krieg hat der Bau unversehrt überstanden und ist dennoch heute nur noch eine leere Hülse. Aller Reichtum ist ausgeplündert, die Innenräume sind verwüstet und verfallen.

116 Auch WOHLAU gehört zu den wenigen Städten in Schlesien, die heute wieder einen freundlichen Anblick bieten. Das Schloß mit der Mariensäule und die Kirchen sind gut renoviert. Ein wenig befremdlich wirken der Doppelgiebel des Rathauses und das innig-fromme Nepomukstandbild auf der Treppenbalustrade dieses Profanbaues. Bürgermeister Wenzel Ignaz Richter hat es 1723 aufstellen lassen. Alljährlich sollte am St. Nepomuk-Tag eine liturgische Feier zu Ehren des Heiligen stattfinden. Das Rathaus (1689) hat nach Beschädigungen bei Kriegsende wieder sein altes Aussehen.

117 »Wo die Zeit mündet in die Ewigkeit...«, so besang Klabund (Alfred Henschke aus Crossen) den melancholischen Strom im Osten. Die Einsamkeit alter Eichenwälder begleitet ihn. Hier grüßen keine stolzen Burgen, laden keine Rebhänge zum Schunkeln ein. Die ODER hat einen eigenen, scheueren Charakter. Dem Lärm abhold, zieht sie zwischen den Wäldern gelassen und ruhig ihre Bahn. Vergangenheit ist das geschäftige Leben stromauf dampfender Schleppzüge. Den »Kahn der fröhlichen Leute« gibt es nicht mehr. Über den Wassern liegt die Schwermut ewigen Abschieds.

118 Die katholische Kirche in THIEMENDORF ist ein schlichter Fachwerkbau mit Turm. Man könnte sie äußerlich fast für eine Schwester der schlesischen Friedenskirchen halten. Aber hier ist es gerade umgekehrt: Die alte Dorfkirche aus dem 14. Jahrhundert, schon früh protestantisch geworden, wurde 1680 unter Zwang katholisiert, obwohl die Bevölkerung weiter zum lutherischen Glauben hielt. Die Altranstädter Konvention setzte 1708 die Rückgabe an die Protestanten durch. Kloster Leubus als Besitzer des Dorfes sah sich genötigt, rasch ein katholisches Gotteshaus dagegenzusetzen. So entstand der Fachwerkbau mit seinem nüchternen Innenraum, in dem die Barockaltäre fast fehl am Platze wirken. Seither hatten Protestanten und Katholiken ihre eigenen Gotteshäuser und lebten in echt schlesischer Toleranz nachbarschaftlich zusammen.

119 Mit steinernen Mienen respekteinflößend, steht dieses Paar in der Kirche zu POLGSEN hinter dem Taufstein, als sei es zu Gevatter gebeten worden. Der bärtige Ritter ist vermutlich Herr Wilhelm von Motschelnitz und Polgsen »af Stanischen« (auf Stanschen, das ist ein Gutsdorf zwei Kilometer östlich von Polgsen). Er starb anno 1615 im Alter von 70 Jahren. Seine Frau Susann Rotkirch war ihm 1609, erst 40 Jahre alt, im Tode vorausgegangen. Polgsen liegt wenige Kilometer nördlich der Kreisstadt Wohlau. Die Kirche ist schon zu Beginn des Reformationszeitalters, nämlich 1526, evangelisch geworden. Sie war eine der ältesten und kunsthistorisch interessantesten im Kreis Wohlau. 1709 wurde sie gründlich erneuert. Sie stand unter Denkmalschutz und sollte am Ende der dreißiger Jahre restauriert werden. Dazu ist es nicht mehr gekommen.

120 Die »Hohe Straße«, eine alte und vielbefahrene Handelsstraße, war die Lebensader der Stadt NEUMARKT, ihr Segen, aber auch ihr Fluch. Zum ersten Mal ist der Ort 1241 von den Mongolen niedergebrannt worden, später zogen Hussiten und Schweden, die Preußen Friedrichs II., Bayern und Württemberger im Bunde mit den Franzosen hindurch und hinterließen ihre Spuren ebenso wie 1945 die Rote Armee. Dagegen schützten auch die Mauern der schon im 13. Jahrhundert angelegten Stadtbefestigung nicht. Die Wüstenei rundum spricht deutlich von den Folgen des letzten Krieges.

121 Der Stadtgrundriß von Neumarkt weicht vom üblichen schlesischen Schachbrettschema ab und verrät, daß die Stadt zu den frühesten deutschrechtlichen Gründungen gehört. Der langgestreckte RING ist mehr eine Straßenerweiterung als ein Platz. Der freistehende Glockenturm der Pfarrkirche wirkt in seiner vierschrötigen Wucht wie ein Torturm der Stadtbefestigung. Der hohe Chor von St. Andreas (Ende des 14. Jahrhunderts gebaut) überragt das gerade noch sichtbare, stark abgeknickte, viel ältere Langhaus, das noch spätromanische Bauteile aus dem frühen 13. Jahrhundert aufweist.

122 LEUTHEN ist als Ort des genialen Schlachtensieges Friedrichs des Großen über einen doppelt so starken Gegner in die Militärgeschichte eingegangen. Die Entscheidung fiel im Kampf um die Kirche, deren Friedhof von alten Wehrmauern mit halbrunden Eckbastionen, einer kleinen Festung gleich, geschützt ist. Die Bresche, durch welche Friedrichs Grenadiere hineinstürmten und den Sieg sicherstellten, ist noch heute deutlich im Mauerwerk zu erkennen. Davor steht nun ein schlichtes Steinkreuz. Am Abend des blutigen Tages erklang hier der Choral: »Nun danket alle Gott . . .«

123 Nach Breslau war SCHWEIDNITZ die bedeutendste Handelsstadt Schlesiens, zugleich auch eine wichtige Festung. Dem Wohlstand der Stadt entspricht die große gotische Pfarrkirche St. Stanislaus und St. Wenzeslaus. Ihr Turm, der höchste in Schlesien, steigt mit seiner dreifach gestaffelten Spitze leicht und elegant in den Himmel hinauf. Von weit her grüßt er den Reisenden, wenn er sich der Stadt nähert. An den acht Ecken des obersten Stockwerks stehen unter Baldachinen riesige Steinfiguren. Es sind die Heiligen Stanislaus und Wenzeslaus, Maria und Hedwig, Petrus und Paulus, Johannes der Täufer und Johannes der Evangelist. Im Vordergrund schiebt sich der westliche Flügel des Jesuitenkollegs vor die Portalzone und schafft so einen sehr stimmungsvollen Platz vor der Kirche. Dort steht St. Florian, der Beschützer vor Feuersgefahr, auf einer hohen Säule. In der Nische des Giebeldreiecks segnet Maria mit dem Kind die Stadt und ihre Bewohner.

124 Die STADTPFARRKIRCHE in Schweidnitz hat eine bewegte Vergangenheit. Nach einem Brand im Jahre 1532 wurde die gotische Basilika des 14. Jahrhunderts stark verändert und das Gewölbe des Mittelschiffs tiefer gelegt. Dabei wurden die überlangen, schmalen Fenster des Chors um ihr oberes Drittel verkürzt und verloren ihr Maßwerk. Die seit 1561 evangelische Kirche wurde 1633 wiederum katholisch und von den Jesuiten übernommen. Sie gaben ihr die noch heute erhaltene, großartige barocke Ausstattung. Sie ist sehr einfühlsam in den gotischen Rahmen eingefügt. Den Hochaltar entwarf der Jesuiten-Laienbruder Johann Riedel, wobei er das Bibelwort zum Vorbild nahm, nach dem die Weisheit sich ein Haus mit sieben Säulen baute: Sieben Säulen tragen das Kranzgesims, zwischen ihnen Heiligenfiguren, im Tabernakel Maria mit dem Jesuskind, über ihnen der von Gottvater ausgesandte Heilige Geist. Alles in allem ein großartiges und eindrucksvolles Theatrum sacrum.

125 Die FRIEDENSKIRCHE in Schweidnitz wurde den Protestanten nur widerwillig zugestanden mit den Auflagen, sie ohne Turm außerhalb der Stadt aus Lehm und Holz zu errichten. Nach Plänen des Festungsbaumeisters Saebisch entstand 1657/58 ein Fachwerkbau mit zweistöckigen Emporen, in dem 7500 Besucher Platz fanden. Zwei Drittel der benötigten 3000 Eichenstämme schenkte Graf Hochberg. Die Hochbergloge unseres Bildes läßt die ganz unprotestantische barocke Pracht des Innenraums erkennen. Die Kirche wird heute von der polnischen evangelischen Kirche benutzt.

126 Deutsche Grabstätten im heutigen Schlesien sind oft eingeebnet, die Denksteine als Baumaterial verwendet. Im besten Fall überläßt man sie dem natürlichen Verfall. Auf abgelegenen Friedhöfen lassen sich noch solch anrührend sentimentale Denkmäler der Trauer finden wie dieses kleine Grabmonument für die früh verstorbene Erna Gottschlich in STREHLITZ bei Zobten. Der Engel mit den Mohnkapseln in der Hand symbolisiert den ewigen Schlaf des Todes auch derjenigen, deren Gräber heute vergessen sind. Der Efeu als Zeichen des ewigen Lebens umschlingt das Kreuz, Rosen der Liebe liegen auf dem Medaillon dieses Grabes. Auch die Kirche in Strehlitz ist sehenswert wegen ihrer gut erhaltenen Wandmalereien aus dem 14. Jahrhundert, den ältesten in Schlesien. Friedhof und Kirche liegen unmittelbar an der vielbefahrenen Straße von Breslau nach Schweidnitz, doch nimmt sich nur selten jemand die Zeit, diesen stillen Ort der Besinnung aufzusuchen.

127 FREIBURG in Schlesien ist das Eingangstor zum Waldenburger Bergland. Gleich hinter der Stadt steigt die Straße, vorbei an dem imposanten Portal des Fürstensteiner Schloßparks, hinauf zu den ersten Höhen, von denen sich die fruchtbare Ebene bis zum Zobten überschauen läßt. Zu Füßen liegt die ehemals so fleißige Handwerkerstadt. Sie blieb zwar 1945 von Kriegszerstörungen verschont, hatte aber in ihrer Geschichte immer wieder unter verheerenden Stadtbränden zu leiden. Besonders schlimm war es 1781, als auch das Rathaus in Flammen aufging. Friedrich der Große hat sich nachdrücklich für den Neubau eingesetzt. Mit Eröffnung der Eisenbahnlinie Breslau – Freiburg im Jahre 1844 begann die Industrialisierung. Die Leinwandfabrik des Karl Friedrich Kramsta und die Uhrenindustrie der Familie Becker gaben vielen hundert Freiburger Familien eine gesicherte Existenz.

128 Berühmt ist das figurenreiche Tympanon vom Westportal der Kirche in STRIEGAU. Es entstand um die Mitte des 14. Jahrhunderts. Dargestellt ist die Geschichte des Apostels Paulus: der Ausritt aus Jerusalem, die Blendung durch das göttliche Licht und die Heilung. Über dem Baldachinfries: Taufe und Predigt vor den Juden, darüber der segnende Heiland. Im Dreieck des Tympanons (nicht mehr sichtbar) thront Christus als Weltenrichter, zu seinen Füßen Maria und Johannes. Wir erkennen gerade noch die Seelen der Verstorbenen, die sich aus ihren Gräbern erheben.

129 Die PFARRKIRCHE St. Peter und Paul in Striegau gehört zu den eindrucksvollsten Kirchen Schlesiens. Adolph von Menzel hat den hochragenden Bau, neben dem die Stadt fast verschwindet, in einem seiner Bilder festgehalten. Schinkel zeigte sich begeistert von dem klar gegliederten Innenraum, der bezeichnend ist für die schlesische Gotik: Überaus hoch gewölbt auf schmalster Basis, zwingen die schmucklosen Wände den Blick ohne jede Ablenkung hin zum Altar. Die Arkaden erscheinen als herausgestanzte Bögen in der Wand. Die Raumwirkung wird verstärkt von dem hellen Licht, das ungehindert durch das gewaltige Westfenster einströmt. Die Kanzel aus dem Jahre 1592 tragen zwei Engel gemeinsam mit Moses. Auf dem Schalldeckel fand sich die Umschrift: »Selig sind, die das Wort Gottes hören und es bewahren«.

130 Schon von weitem grüßen die beiden Türme der hochgelegenen Kirche von WÜRBEN und verlocken zu einem Abstecher in das auch heute bemerkenswert sauber aussehende Bauerndorf. Aus Würben kam einer der ersten Schlesier auf dem Breslauer Bischofstuhl, Heinrich von Würben (1302–1319). Die Kirche ist die älteste im Schweidnitzer Lande, in rein romanischem Baustil zwischen 1230 und 1240 begonnen. Vom 15. Jahrhundert an war Würben im Besitz des Klosters Grüssau. Es wurde als Erholungsort für die Mönche genutzt. Am rechten Bildrand ist ihr Wohnbau sichtbar, der 1730 zu einer festlichen barocken Kirche mit buntem Deckengemälde ausgebaut wurde. Der alte romanische Bau dient heute nur noch als Eingangshalle zur neuen Kirche. Ein schönes barockes schmiedeeisernes Gitter trennt den Chor ab, in dem sich Reste alter Fresken erhalten haben.

131 Das neugotische Rathaus ist ein Sinnbild der geschichtlichen Entwicklung WALDENBURGS. In einer idyllischen Waldlandschaft, umgeben von Bergkuppen und Heilbädern wie Altwasser und Salzbrunn, war die Stadt Zentrum des Leinwandhandels, kam aber gegen ihre reicheren Nachbarn Schweidnitz, Freiburg und Gottesberg nicht auf. Erst mit dem Abbau der qualitätvollen Waldenburger Steinkohle kam der Aufschwung, begannen aber Fördertürme und Schlote das Stadtbild zu bestimmen. Heute ist Waldenburg mit mehr als 130000 Einwohnern die Wojewodschaftshauptstadt.

132 Über dem tief eingeschnittenen Fürstensteiner Grund thront in einem 275 Hektar großen Park mit herrlichem altem Baumbestand FÜRSTENSTEIN, Schlesiens größte Schloßanlage. 700 Jahre wurde an der ursprünglichen Burg aus piastischer Zeit weitergebaut. Zu den ältesten Teilen gehört der Bergfried mit seiner neobarocken Haube. Erst 1908–1923 ist der Westbau mit den beiden Rundtürmen hinzugefügt worden. Eine Vielzahl von Terrassen umgibt die Anlage. Dort sprangen 27 Brunnen in gepflegten Blumenrabatten. Die Schloßgärtnerei Liebichau genoß Weltruf.

133 Höhepunkt einer Schloßbesichtigung in Fürstenstein ist der MAXIMILIANSSAAL. Seine kostbare Ausstattung läßt an eine Königsresidenz denken. Sie vermittelt einen Eindruck vom Reichtum der Reichsgrafen Hochberg, denen Fürstenstein mit dem größten Grundbesitz des Waldenburger Landes gehörte und denen im 19. Jahrhundert durch Erbschaft auch das oberschlesische Fürstentum Pleß zugefallen war. Reichsgraf Konrad Ernst Maximilian (1682–1742) hatte den barocken Ausbau Fürstensteins mit dem hohen Ostflügel, der Vorburg und dem Skulpturenschmuck der Brükke eingeleitet. Ihm ist die Bereicherung der Bibliothek zu danken, der auch spätere Generationen ihre Aufmerksamkeit widmeten, so daß sie zuletzt eine der reichsten in Schlesien war. Das Deckengemälde des Festsaales ist ein Werk des Münchener Malers Felix Anton Scheffler. Stukkaturen und Marmorarbeiten schuf der Wiener Ignaz Provisor. Weitere Prachträume waren der »Krumme Saal«, der »Konradssaal« und die »Kaiserzimmer«.

134 »Denkst Du des Schlosses noch auf stiller Höh'?« Eichendorff bleibt gegenwärtig. Seine Lieder lassen sich nicht vertreiben aus Schlesiens Wäldern, Bergen und Burgen. Umgeben von Tälern und Höhen steht die KYNSBURG als Wächter über dem Weistritztal. Paul Keller hat ihr im Roman »Waldwinter« ein Denkmal gesetzt. Sie ist wieder beliebtes Touristenziel. Trotz häufigen Besitzerwechsels in der Vergangenheit hat sie sich in recht gutem Zustand erhalten. Die wertvolle Innenausstattung ist nach Kriegsende demoliert und durch Museumsstücke teilweise ersetzt worden.

135 Als Bäderland besaß Schlesien einen ausgezeichneten Ruf über Deutschlands Grenzen hinaus. Einer der bekanntesten und zugleich ältesten Kurorte ist BAD SALZBRUNN im Waldenburger Bergland. Sein »Oberbrunnen« war schon im Mittelalter bekannt. Im 19. Jahrhundert begann die Entwicklung zum modernen Heilbad bei Erkrankungen der Atemwege. Hier sehen wir ins Vestibül des »Kur- und Golfhotels Schlesischer Hof« (1935: 200 Betten, Vollpension ab RM 7,50). Salzbrunn, Geburtsort der Brüder Hauptmann, macht auch heute wieder einen sehr gepflegten Eindruck.

136 Mittelalterliche steinerne Brücken sind selten in Schlesien. Ein besonders malerisches Städtebild bietet auch heute noch die Brücktorbrücke in GLATZ am Weg von der Oberstadt zur Minoritenkirche (1699–1711). Die barocken Steinbilder auf ihrer Brüstung lassen an die Karlsbrücke in Prag denken und verdeutlichen auf diese Weise die Rolle der Grafschaft als Bindeglied zwischen Böhmen und Schlesien. Hier sehen wir von unten her, wie sich der Mühlbach durch den steinernen Brückenbogen zwängt. Auf ihm erkennen wir links den hl. Nepomuk und gegenüber die Hl. Dreifaltigkeit.

137 Die DEKANATSKIRCHE Mariä Himmelfahrt aus dem 14. und 15. Jahrhundert in Glatz ist eng in Häuserblocks eingezwängt. Nur von Osten her läßt sich der ganze Bau mit seinem hochragenden Chor überblicken, wenn man über die »Ernestus-Stiege« zu ihm emporsteigt. Ernestus von Pardubitz (1287–1364) war der erste Erzbischof von Prag. Er hat in Glatz die Schule der Johanniter besucht und später den Bau der Kirche gefördert. Sein Steinsarkophag, der aus der Prager Parlerwerkstatt stammt, steht im nördlichen Seitenschiff, ist allerdings seit dem Dreißigjährigen Krieg arg beschädigt.

138 ROTHWALTERSDORF ist eine Gründung der ersten deutschen Einwanderungszeit und zeigt das charakteristische Siedlungsbild des Waldhufendorfes. Eingeschmiegt in ein Seitental des Eulengebirges, folgen die Höfe weit auseinandergezogen dem Bachlauf. Die Felder steigen steil an den Hängen hinauf. Bis zum Jahre 1945 haben die Bauern hier trotz aller Mühsal und Ungunst des Geländes noch Kornfrüchte angebaut und geerntet. Heute ist Weideland aus den Äckern geworden. Schafherden bevölkern die Hänge, während die Bewohner des Dorfes zur Arbeit in die Stadt fahren.

139 Jeder Schlesier kennt die spaßhafte Bezeichnung für einen Knauser: »Dar is ni vo Gaberschdurff!« Leibhaftig sind aber wohl nur wenige jemals in GABERSDORF gewesen. Der Ortsname dürfte vom Begründer des Dorfes abzuleiten sein, der Gabriel geheißen haben könnte. Das typische Waldhufendorf liegt versteckt am Südabhang des Eulengebirges. Die Kirche mit ihrer schön geschwungenen Turmhaube und dem kunstvoll gedeckten Dach, das steinerne Kruzifix und das Torhäusel zum Friedhof haben ihr unverfälscht schlesisches Aussehen bis heute bewahrt. Kenner schätzten das Dorf als ruhige, preiswerte »Sommerfrische« und als günstigen Ausgangspunkt für ausgedehnte Wanderungen hinauf zu den stillen Wäldern der »Eule« und hinüber nach Silberberg oder Wartha.

140 NEURODE, Hauptort des Glatzer Steinkohlenreviers, bietet trotz seiner reizvollen Lage inmitten bewaldeter Berghänge auf den ersten Blick wenig Anziehendes: Einförmige Arbeitersiedlungen, geschwärzt von Staub und Ruß, säumen die Durchfahrtstraßen. Doch der Schein trügt. Abseits der Oberstadt finden wir zu beiden Ufern der Walditz Häuserzeilen mit malerischen, unzerstörten Laubengängen, wie sie anderwärts die Marktplätze einrahmen: »Schusterlauben«, »Oberlauben« und »Marienlauben« bieten heute fast den gleichen Anblick wie vor fünfzig Jahren.

141 Als Tafelberg hat die HEUSCHEUER wegen ihrer ungewöhnlichen Form, aber auch wegen ihrer skurrilen Sandsteinformationen schon immer die Phantasie beschäftigt. Der 1839 erschienene »Sudetenführer« von Julius Klein spricht vom »Cabinettstück der Grafschaft«. Von Wünschelburg führt eine der schönsten schlesischen Gebirgsstraßen hinauf nach Carlsberg. Von dort steigt man über 665 Stufen steil nach oben zum Gipfelplateau und zum »Schweizerhaus« in fast 1 000 m Höhe. Hier bietet sich ein schöner Ausblick auf den Glatzer Kessel und weit nach Böhmen hinein. Die bizarren Gebilde in der Felsenstadt hießen: »Großvaterstuhl«, »Blasebalg«, »Backofen« und – hier auf dem Bild – das »Beladene Kamel«. Wer weiß noch, daß der Reichstag in Berlin aus Heuscheuer-Sandstein errichtet worden ist?

142 Wer im Tal der Posna hinauf zur Heuscheuer fährt, muß achtgeben, daß er nicht eines der hübschesten Grafschafter Idylle übersieht. Versteckt wie Dornröschens Märchenschloß liegt NIEDER-RATHEN in einem verwunschenen Park und scheint von vergangenen Zeiten zu träumen. Märchenhaft erscheint uns auch einer seiner Besitzer: Daniel Paschasius von Osterberg, kaiserlicher Rat und zweimaliger Jerusalempilger. Er war besessen von der Idee, die heiligen Stätten der Christenheit in der Grafschaft Glatz nachzubauen. So entstand das »Schlesische Jerusalem« in Albendorf mit einem aufwendigen Gotteshaus und den Stätten der Leidensgeschichte Jesu. Dort gab es das »Taltor Josaphat«, den Bach »Kidron«, den Teich »Bethesda« und den Palast des Pilatus. Mehr als 50 Kapellen mit lebensgroßen Figuren führen hinauf zu den Kreuzen von Golgatha.

143 HABELSCHWERDT zeigt sich hier von seiner reizvollsten Seite. Terrassenförmig steigen die Häuser über der Neiße auf. Links weist wie ein Finger der Turm der katholischen Pfarrkirche gen Himmel, rechts beschließt die Stadtvogtei das Panorama. »Oberhaupt« ist der Achteckturm des Rathauses, darunter versteckt sich die Kegelspitze des vierschrötigen Willmann-Turms zwischen den Dächern. Bekanntester Sohn der Stadt war Hermann Stehr (1864–1940). Der Name des Willmann-Turms (früher Stadtbergturm genannt) erinnert an seinen Roman »Drei Nächte«.

144 So kennen und lieben wir unsere »Grafschaft«! Trotz rauhen Klimas und langer Winter tragen die Felder im Neißetal wogende Kornähren. Wälder und Berge ringsum. »Und in dem SCHNEEGEBIRGE, da fließt ein Brünnlein kalt ...«: Frische Bergbäche und menschenferne Wälder machten das Glatzer Schneegebirge zum Wanderparadies par excellence. So ist es geblieben. Wem aber die Wirtshausrast das Schönste beim Wandern ist, der wird die gemütliche Geselligkeit der alten Berggasthöfe – den »Puhu«, die »Gucke« und wie sie alle hießen – schmerzlich vermissen.

145 In längst vergangene Zeiten versetzt uns dieses Bild einer Grafschafter Dorfidylle mit sandiger Straße, schiefen Lattenzäunen und Entengeschnatter in der »Baache«. Nach HOHNDORF führt von Habelschwerdt eine schattige Allee über das Forsthaus »Wustung« mit Naturpark und großen Forellenteichen. Von Hohndorf weiterwandernd, erreichte man »Verlorenwasser«. Die Ortsnamen sprechen vom entsagungsvollen Leben der Bauern in diesem kargen Winkel. Aber wie fest hingen sie doch mit allen Fasern des Herzens an den vertrauten Bergen und an den Wäldern ihrer »Heemte«.

146 Die Grafschaft Glatz gilt als schlesischer »Herrgottswinkel«. Ihre Bewohner waren von tiefer, natürlicher Frömmigkeit erfüllt. Es ist noch nicht lange her, da waren der Gruß »Gelopt sei Jeese Christ« und die Antwort »In Ewigkeit« in den Dörfern ganz alltäglich. Gottesfurcht verband sich mit Liebe zur heimatlichen Flur. Bildstöcke, Marien- und Nepomuksäulen schmücken die Feldraine, oft von alten Bäumen beschirmt. Dieser Bildstock steht unweit von WÖLFELSDORF, wo sonntags lange Pilgerzüge hinaufwanderten zur Wallfahrtskapelle »Maria Schnee« auf dem »Spitzigen Berg«.

147 Eine der kleinsten, aber auch idyllischsten und beliebtesten Wallfahrten der Grafschaft Glatz ist MARIA SCHNEE. Das hübsche Kirchlein auf dem »Spitzigen Berg«, einem Ausläufer des Großen Schneebergs, war ehemals eng umstanden von Verkaufsbuden mit all dem verlockenden Krimskrams, der nun einmal zu einer bäuerlichen Wallfahrt gehört. Von Wölfelsgrund stiegen die Sommerfrischler in einer guten Stunde hinauf zum Gipfel in 847 Meter Höhe, genossen das bunte Bild der frommen Pilgerscharen und zugleich eine der schönsten Aussichten auf das Glatzer Land.

148 Auf Befehl König Wenzels von Böhmen war Johann von Nepomuk 1393 von der Karlsbrücke zu Prag in die Moldau gestürzt worden, weil er sich als Beichtvater der Königin geweigert hatte, dem König gegenüber das Beichtgeheimnis zu verletzen. 1685 errichtete man ihm das berühmte Standbild auf der Karlsbrücke. Es wurde zum Vorbild für unzählige Statuen des »Brückenheiligen«. Als vielseitiger Schutzpatron für das Beichtgeheimnis und die Verschwiegenheit, für den Schutz in Wassernot und für eine gute Sterbestunde war St. Nepomuk nicht nur in den Böhmischen Ländern beliebt. Auf vielen Brücken in der Grafschaft war er anzutreffen, immer steckte ein Blumenstrauß in seinen Armen oder zu seinen Füßen, denn die Hochwassernot war stets gegenwärtig. Hier in SCHÖNFELD (an der Bahnstrecke Glatz – Mittelwalde) hat er vor einer Brückenverbreiterung auf die grüne Wiese ausweichen müssen.

149 WÖLFELSGRUND liegt versteckt in Wäldern an den Hängen des Schneegebirges. In felsigem Bett schäumt die Wölfel, die mit ihrem klaren Wasser die Frische der Gipfel in den Talgrund hinabträgt. Gleich hinter der Ortsmitte stürzt sie sich kopfüber 25 Meter tief in einen wildromantischen Felsenkessel. Der Wölfelsfall, die bequemen Aufstiege zum nahen Schneeberggipfel und die reine Waldluft begründeten den Ruf Wölfelsgrunds als Sommerfrische und Luftkurort. Noch heute beherrschen die Gästehäuser mit Holzveranden und Türmchen im Stil der Jahrhundertwende das Ortsbild.

150 Wo die Neiße sich in engen Windungen zwischen Eulen- und Reichensteiner Gebirge aus dem Glatzer Kessel hinaus ins Freie zwängt, thront die Wallfahrtskirche von WARTHA beherrschend über den Dächern und der alten Steinbrücke. Bis auf das Jahr 1200 läßt sich die Marienwallfahrt nach Wartha zurückverfolgen. Jährlich zog sie bis zu 150000 Pilger an. Das Gnadenbild, eine sitzende Madonna mit Kind, noch ganz in der feierlichen Haltung der Hochromanik, gilt als älteste Holzplastik Schlesiens (erste Hälfte des 13. Jahrhunderts). Die Wallfahrtskirche »Mariae Heimsuchung« ist eine der ältesten Barockkirchen Schlesiens. Aus der frühen Bauzeit (1686–1704) erklären sich die strengen Formen, die noch nichts von barockem Überschwang erkennen lassen.

151 MÜNSTERBERG ist lange Zeit Residenzstadt eines selbständigen Herzogtums gewesen. Seinen Namen verdankt es dem hoch über die Dächer aufragenden Chor des St. Georg-Münsters. Das zweischiffige Langhaus ist wesentlich niedriger und um zweihundert Jahre älter. Die Kirche besitzt noch heute sehenswerte Kunstgegenstände, so auch diese innige »Geburt Christi« auf einem größeren Altarschrein mit einer ganzen Bildfolge aus der Jugendzeit des Erlösers. In der Geschlossenheit der Darstellung wird das fest im Glauben wurzelnde Weltbild des mittelalterlichen Menschen besonders deutlich. Im Mittelpunkt ruht das Jesuskind, geborgen wie auf dem Grunde eines Kelches. Ihn formen die vornübergebeugten Körper Josephs und Marias zusammen mit den anbetenden Engeln und den zutraulich-neugierigen Köpfen der Tiere.

152 Schlesien ist das Land ungezählter Schlösser, vom bescheidenen Herrenhaus bis zu den aufwendigsten Anlagen, die Vergleiche mit großen Fürstenresidenzen nicht zu scheuen brauchen. Eine Rundreise in unseren Tagen zu Schlesiens Schlössern gleicht einem Wechselbad. Neben völligem Verfall und deprimierender Verwahrlosung finden sich schönste Beispiele wohlgepflegter Bauten wie hier in PETERWITZ, unweit von Frankenstein an der Straße über den Silberberger Paß. Im Bild des malerischen Wasserschlosses aus dem 16. Jahrhundert scheint noch heute etwas vom Geist der deutschen Romantik zu leben. Hier ist 1822 Moritz Graf Strachwitz geboren, der in seinen Balladen Ritterromantik, Kampf und heroischen Tod besang. »Das Herz von Douglas« ist seine bekannteste Schöpfung. Nur 25 Jahre alt, starb er 1847 in Wien.

153 SILBERBERG war wegen des großartigen Ausblicks, den man von den Festungswerken hatte, ein beliebtes Touristenziel. Andere jedoch haben es in böser Erinnerung behalten. So auch Fritz Reuter, der von 1834 bis 1837 hier gefangen saß. Der Ort verdankt seinen Namen den bis ins 17. Jahrhundert hier abgebauten Silbervorkommen. Danach hat Friedrich der Große zum Schutz der Paßstraße die Festung nach den damals modernsten Gesichtspunkten ausbauen lassen. Sie galt als »Schlesisches Gibraltar« und hat alle Stürme während der napoleonischen Kriege unbesiegt überdauert.

154 Herzog Heinrich IV. von Breslau gründete FRANKENSTEIN vor 1287, indem er den beiden benachbarten Städtchen Frankenberg und Löwenstein, die nicht recht gedeihen wollten, ihre Stadtrechte nahm und je die Hälfte ihrer Namen seiner Neugründung gab. Ihre Lage an der wichtigen Fernhandelsstraße Prag – Breslau ließ die Stadt rasch aufblühen. Sie wurde zur zweiten Residenzstadt des Herzogtums Münsterberg. Ihre Bedeutung lassen noch heute die mächtigen Mauern der Burgruine ahnen. Wahrzeichen des »türmereichen Frankenstein« war der Schiefe Turm. Er hatte sich 1598 um einen Meter nach Norden geneigt und wurde später durch eine senkrechte Aufmauerung wieder »gerade gerückt«, so daß er heute ein wenig an ein Fragezeichen erinnert. Unser Bild zeigt das Rathaus, ein echtes Kind der gotisierenden Bauweise am Ende des vorigen Jahrhunderts.

155 HEINRICHAU ist eines der ältesten schlesischen Klöster, als Filiation von Leubus 1227 vom Notar Herzog Heinrichs I. gegründet und nach dem Herzog benannt. Es hatte wesentlichen Anteil an der raschen deutschen Besiedlung und Erschließung des Eulengebirgsvorlandes. Im Klosterhof lebt der Geist österreichischen Barocks. Die Wolkensäule vorn hat ihr Vorbild in der Pestsäule auf dem Graben in Wien. Gar nicht klösterlich, sondern leicht und lebensfroh wendet sich das Prälaturgebäude mit seinem spielerischen Türmchen dem Beschauer zu. Die besondere Lebendigkeit der Fassade kommt nicht von ungefähr: Dem Putz wurden farbige Glassplitter beigemengt, die das Licht intensiv zurückstrahlen. Die Strenge der frühgotischen Kirche verschwindet hinter einem italienisch anmutenden Giebel und einer überkuppelten Vorhalle.

156 Charakteristisch für die Herrnhuter Brüdergemeine GNADENFREI ist der noch heute von ehemaligen Chorhäusern der Brüder umgebene Platz. Ernst Johann von Seydlitz, Grundherr des an der Grenze zum evangelischen Herzogtum Brieg gelegenen Dorfes Peilau, hatte zu Beginn des 18. Jahrhunderts den Pietismus gefördert und verbotene Hausversammlungen im Schloß abgehalten. Das trug ihm Gefängnishaft ein. Nach Einzug der Preußen gründete er die Brüdergemeine und nannte sie zum Gedenken an die Befreiung des Landes von religiöser Bedrückung »Gnadenfrei«.

157 REICHENBACH ist eine der ältesten Städte in Schlesien. Schon vor 1230 hatte Herzog Heinrich I. eine Reihe von Dörfern parallel zum Kamm des Eulengebirges anlegen lassen; Reichenbach war ihr Zentrum. Unser Bild zeigt einen der kurzen Abschnitte der STADTMAUER, die heute noch im Zustand des 14. Jahrhunderts erhalten sind. Das Renaissanceportal stammt von einem Bürgerhaus der Stadt. Es ist erst viel später hierher versetzt worden. Mit einiger Mühe läßt sich an ihm der Sinnspruch entziffern: »Mancher bekimmert sich um dis und um das / Bau du dir ein besser und lass mir das.« Darüber ragen Turm und Giebel der spätgotischen Pfarrkirche St. Georg in den Himmel. Sie wurde schon 1525 evangelisch. Trotz erzwungener Katholisierung während und nach dem Dreißigjährigen Krieg blieb die Bevölkerung überwiegend dem lutherischen Glauben treu. Erst 1798 erhielt sie wieder ein eigenes Gotteshaus, einen strengen, fast schmucklosen Raum nach Plänen von Carl Gotthard Langhans.

158 Dem heutigen LANGENBIELAU ist nicht anzumerken, daß es eines der ältesten schlesischen Waldhufendörfer ist. Noch vor 1230 gegründet, zog sich der Ort mehr als 8 Kilometer lang zu beiden Seiten der Biele hinauf. Seit dem 16. Jahrhundert wurde hier und in den Nachbardörfern Hausweberei in Konkurrenz zur Zunftweberei der Städte betrieben. Im 19. Jahrhundert begann mit der englischen Konkurrenz, mit der Industrialisierung und unsozialem Verhalten mancher Fabrikanten die Not der Weber, die zum Weberaufstand von 1844 führte. Heute hat der Ort städtisches Aussehen.

159 Das Städtchen NIMPTSCH hat in der Vor- und Frühgeschichte Schlesiens eine Hauptrolle gespielt. Der Stadtberg war schon um 1000 v. Chr. stark befestigt. Von ihm aus ließ sich die Straße von Glatz nach Breslau sperren, die von der Adria heraufkam und zur Ostsee weiterführte. Hier hatten die Silinger ihren Hauptort. Die Slawen gaben ihm den Namen »Nemzi«, Ort der Stummen, deren Sprache ihnen unverständlich war. Wir sehen vor uns die Ostseite des Ringes mit der früheren evangelischen Pfarrkirche, im Vordergrund das ehemalige Hotel »Zum schwarzen Bären«.

160 Mit dem Schloß in GROSSBURG haben wir einen typischen Herrensitz der Ackerebene vor uns. Man weiß zu repräsentieren ohne aufdringlichen Prunk. Der klar gegliederte Bau entstand 1858. Nur der Turm deutet an, daß wenig später die Neugotik damit begann, Gutshäuser mit Türmchen und Erkern als Burgen zu verkleiden. Um die Religionszugehörigkeit dieser kurbrandenburgischen Exklave war es im 17. Jahrhundert zwischen Kurfürst und kaiserlichem Oberamt zum Streit gekommen, in den brandenburgische Dragoner eingriffen, ehe der Ort evangelisch bleiben durfte.

161 Die Kirche St. Gotthard ist eines der wenigen alten Baudenkmäler, die sich in der fast völlig zerstörten Stadt STREHLEN erhalten haben. Der schräg stehende Strebepfeiler zwischen den beiden gleichförmigen Kirchenschiffen scheint darauf hinzudeuten, daß der südliche Bau, auf dem Foto links, später hinzugefügt worden ist. Dennoch zeigen beide Teile mit ihrem alten Bruchsteinmauerwerk ein schönes, einheitliches Bild. Mit Schießscharten und Pechnasen versehen, wirkt der Turm ausgesprochen wehrhaft. Darunter sind neuerdings die Fundamente einer romanischen Rundkirche entdeckt worden, die aus dem Ende des 12. Jahrhunderts stammen sollen. Strehlen war bekannt als Stadt der größten Granitsteinbrüche in Europa. Schönen graublauen Marmor, wie er in vielen barocken Kirchen verwendet wurde, lieferten die Prieborner Steinbrüche östlich des Strehlener Rummelsberges.

162 Im südlichen Vorraum der katholischen Kirche zu WANSEN blieb dieses kulturgeschichtlich interessante Grabmal erhalten. Wie damals üblich, muß der Verschiedene schon zu Lebzeiten genau überlegt haben, auf welche Weise die Nachwelt von seinem Leben erfahren sollte. Am 6. März 1724 verstarb der »Hoch-Edel-Gebohr. Ritter und Hr. Abraham Friedrich v. Sebottendorf auß dem Hauß Lortzendorf... durch getroffenen Schlagfluß«, so erzählt es die untere Tafel in aller Ausführlichkeit. Eine Palme dient als Stammbaum. Der Wipfel trägt eine Tafel mit dem Spruch: »Der Gerechte wird grünen wie ein Palmenbaum, Ps. 91,13.« Auf weiteren Tafeln folgen die Lebensdaten des Verstorbenen und der vier Elterngenerationen bis zu den Ur-Ureltern mit den guten schlesischen Namen von Nimbtsch, von Studnitz, von Sommerfeld und von Frankenberg.

163 Schloß KRIEBLOWITZ (seit 1937 Blüchersruh) stammt in seinen ältesten Teilen aus dem 16. Jahrhundert, war aber schon zweihundert Jahre zuvor Rittersitz. 1814 erhielt Feldmarschall Gebhard Leberecht Blücher Schloß und Ländereien als Dotation vom preußischen Staate. Der vierflügelige Bau ist heute, obwohl als Denkmal geschützt, im Verfall begriffen, der Park zum Urwald geworden. An der Straße nach Kanth steht noch das Mausoleum für den 1819 verstorbenen Helden der Befreiungskriege, ein Rundturm, der an das Theoderich-Grabmal in Ravenna erinnert.

164 In der Ortsmitte von STRÖBEL, einem am Nordfuß des Zobten gelegenen Straßendorf, steht dieses 80 cm hohe Sühnekreuz aus Granit. Solche Steinkreuze sind nicht selten in Schlesien. In ganz Mittel-, West- und Nordeuropa sind sie verbreitet und bezeichnen die Stelle, an der ein Mensch durch Verbrechen oder Unfall zu Tode kam. Nach mittelalterlichen Vorstellungen sollte der Stein den Geist des Toten bannen, ihn an spukhafter Wiederkehr hindern. Mit all diesen Steinen verknüpfen sich phantasiereiche Sagen, die aber in ihrem Kern auf den wirklichen Vorfall zurückgehen dürften. Oft sind Zeichnungen eingeritzt: Schwert, Beil oder Dolch sollen vermutlich die Tatwaffe darstellen. Allen Dingen, die mit gewaltsamen Todesarten verbunden waren, schrieb der Volksglaube wundertätige Kraft zu. So versprachen abgeschlagene Splitter von einem solchen Sühnekreuz Schutz vor Krankheit und bösen Geistern.

165 Die Baugruppe auf dem Ring von KANTH hat eine merkwürdige Entstehungsgeschichte. Nachdem das alte Rathaus 1624 abgebrannt war, stand nur noch sein 40 Meter hoher Turm vereinsamt 200 Jahre lang auf dem Ring. 1834 bis 1836 gesellte sich ihm die neue evangelische Pfarrkirche hinzu. Der Giebel dieses von Schinkel entworfenen Saalbaues mit Elementen des oberitalienischen Rundbogenstils ist im Hintergrund zu erkennen. Erst 1878 wuchs das neue Rathaus modern und zweckmäßig empor. Als Marktort für die umliegenden Dörfer hatte Kanth nur lokale Bedeutung.

166 Die Wälder des ZOBTEN bergen viele Geheimnisse, an denen die Wissenschaft noch rätselt. Am Weg von Floriansdorf nach Groß Mohnau stand dieser »Mönch«, eine mehr als zwei Meter hohe Steinfigur. Die Überlieferung will wissen, sie sei zur Erinnerung an einen Mönch aufgestellt, den hier Wölfe angefallen und gräßlich zerfleischt haben sollen. Auch die romanischen Portallöwen in Gorkau werden mit dieser Sage in Verbindung gebracht und als »Wölfe« mißdeutet. Die Wissenschaft erklärt den »Mönch« als vorchristliches Kultbild, vielleicht sogar aus keltischer Zeit. Heute steht er in Zobten neben dem großen Parkplatz, von dem man zum Berggipfel aufsteigt. Der Weg ist gut markiert. Nach zwei Dritteln des Aufstiegs kommt man an der »Jungfrau mit Fisch« und dem »Bären« vorbei, ebenfalls frühzeitlichen Steinbildern. Auf dem Gipfel schließlich steht die »Striegelmühler Sau«, das alte Steinbild eines Bären.

167 Der ZOBTEN war für die Menschen der Ebene Sinnbild der Heimat. In der Vorzeit hat man ihn als Göttersitz verehrt, später mischte sich Spott mit liebevoller Zuneigung. Wer ihn heute, nach Schlesien zurückkehrend, aus dem Dunst auftauchen sieht, mag ihm mit Holtei zurufen:

»Ach Zotabarg! Du schiener blooer Hübel . . .
Do stiehste noch uf deiner alen Stelle
Und sist uf de Verwirrung üm dich här!
's is viel passiert, du schläscher Altgeselle,
Mitunder ging's doch bluttich zu und schwär.«

168 Zum Schluß kehren wir nach BRESLAU zurück, werfen von der Lessingbrücke aus noch einen letzten Blick auf die Stadtsilhouette mit Vinzenzkirche, Markthallenturm, Ursulinenkloster, Matthiaskirche und Universität. Die Sonne sinkt, und Mörikes Worte gehen mir durch den Sinn:

»Die Wehmut lehnt an deine Schulter sich
und wiederholt in deine Seele dir,
wie lieblich alles war
und daß es nun damit vorbei
auf immer sei.«

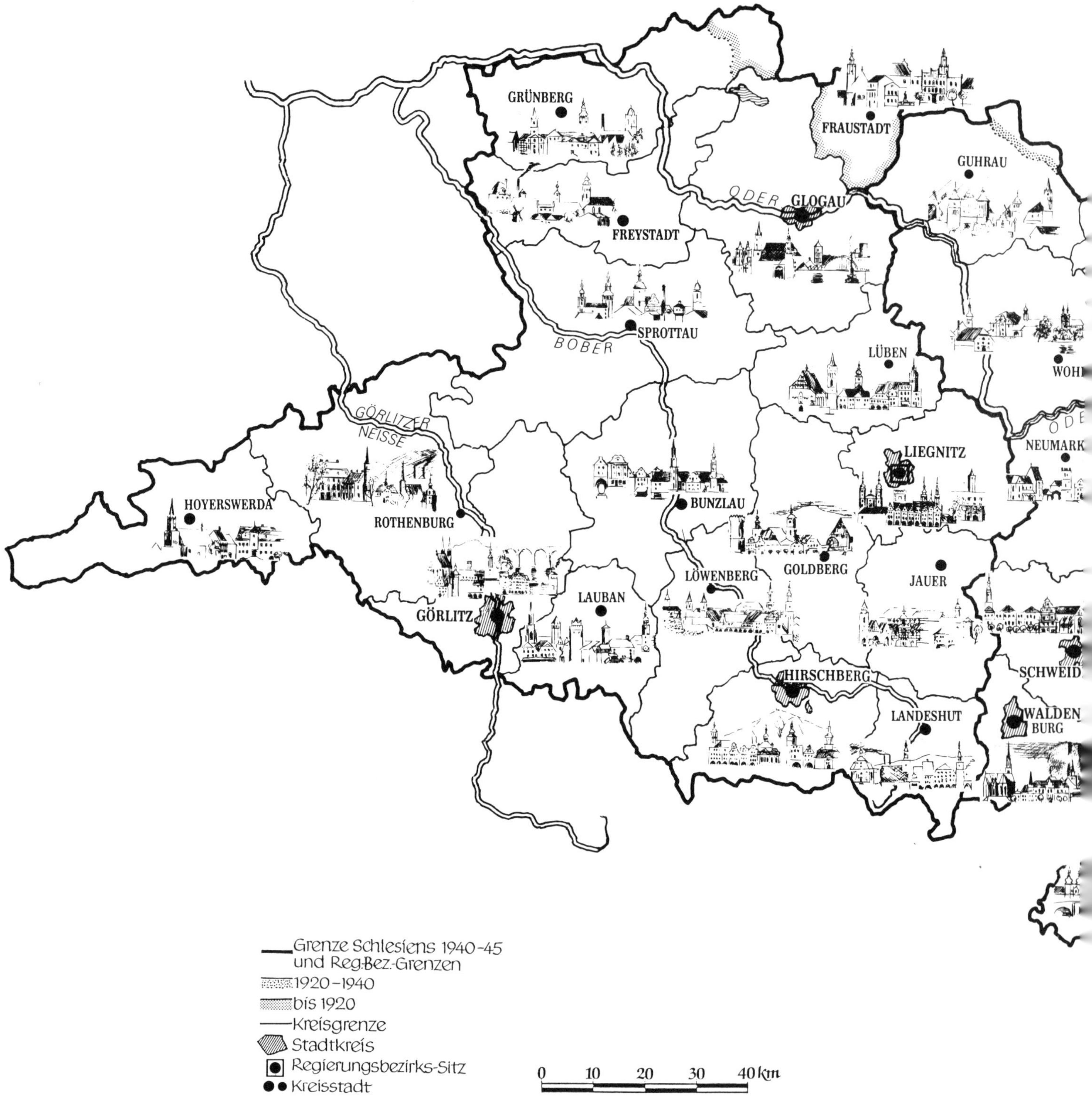
GRÜNBERG
FRAUSTADT
GUHRAU
ODER
GLOGAU
FREYSTADT
SPROTTAU
BOBER
LÜBEN
WOHL
GÖRLITZER
NEISSE
ODER
NEUMARK
LIEGNITZ
HOYERSWERDA
ROTHENBURG
BUNZLAU
LÖWENBERG
GOLDBERG
JAUER
LAUBAN
GÖRLITZ
SCHWEID
HIRSCHBERG
LANDESHUT
WALDEN
BURG
Grenze Schlesiens 1940-45
und Reg.Bez.-Grenzen
1920-1940
bis 1920
Kreisgrenze
Stadtkreis
Regierungsbezirks-Sitz
Kreisstadt
0
10
20
30
40 km